憲法学の虫眼鏡

長谷部恭男 著

Constitutional Law Magnified
Yasuo Hasebe
Hatori Press, Inc., 2019
ISBN 978-4-904702-79-6

はしがき

この本は、憲法学をめぐるエッセイを集めたものです。

憲法学は法学の一種で、法学は道徳に関する学問の一分野と言ってよいでしょう。人は本来、どのように行動すべきか、自分で判断し、その結論に従って行動します。実践理性の働きと言われるものです。法はこの実践理性の働きを簡易化するための道具です。自分自身でどのように行動すべきか判断する手間を省いて、法の命ずる通りに行動すればよいようにする。そのために使われる道具です。

どうしてこんな道具を使うかというと、実践理性そのものを十分に使いこなす技術を人はまだ手に入れていないからでもあります。道徳的な判断はそのプロセスも入力と出力の関係も不透明で、謎に満ちています。各自の性的衝動や権力への意思や経済的利害関係が判断のメカニズムを支えているという見方さえあります。

カントは定言命法に即して道徳的判断を下せばよいのだと言いますが、カント自身が認める通り、定言命法——普遍的法則として妥当し得るような格率に即してのみ行動せよ——は、具体の情況でただ一つの正しい行動を指し示してくれるほど、内容が豊かではありません。至高の善を希求して祈りを捧げることも、実践理性を統御する技術の一つですが、祈りはかつて近代初頭のヨーロッパで、異なる善をそれぞれ旗印に掲げて突き進もうとする多様な宗派による血みどろの闘争を惹起しました。

価値観が多元的であること、それらがしばしば激しく衝突することを事実として認めることから、近代立憲主義は出発していますし、一般的な法体系を確立しそれを実力で強行することで、各人に自由な行動の範囲を平等に配分する――各人に各人のものを与えよ――近代的法体系も、出発点は同じです。正しい判断にあたって必要なのは、まず、ありのままにこの世界を見ることです。

法は人に、自分で判断するのはやめて、法の命ずる通りにせよと言います。法は権威であると主張します。なぜそんな主張をするかというと、法の命ずる通りにした方が、各人が本来なすべきことをより効果的に行なうことができるから、というのがその理由です。

しかし法は、所詮は実践理性の働きを簡易化するための道具です。道具はときに機能不全を起こします。昔はともかく、今では全く理屈に合わない結論を出したり、個別具体の事情によっては過酷な刑罰を科すことになったりします。そうしたとき、法の権威主張を解除し、人本来の姿に立ち戻って道徳的判断をするよう呼びかけるのが、憲法の大事な役割(の一つ)です。比喩的に言うと、法律の条文ばかり見とれていないで、一歩引いた立場から法をより広い視野の中において、本当にその通りにしてよいのか改めて考えてみようと憲法は呼びかけます。人は人である限り、道徳的判断を下す責任から逃げ出すことはできません。それがどれほど不透明で不確かなものであろうと。裁判官も人である以上、同じことです。

実践理性への回帰を呼びかける憲法は、少なくとも典型的な法ではありません。法と言われるものの中でも特別に不透明で不確かに見えるところがあります。そうしたこともあって、憲法についても祈りに頼ろうとする人たちが現れることがあります。自分たちが確かだと信ずる価値を実現するために、憲法にすがろう、憲法を変えればこの世もこの国も変えられる（自分たちがそうあってほしいと思うような国に）。そうした旗印を掲げて突き進もうとする人々が現れます。

憲法が何かということが分かっていない人たちなのですが、分かっていない人に分かってもらおうとしても難しいでしょう。実践理性の働きが不透明で不確かである原因の一つとして、人は自我が肥大化しがちで（性的衝動や権力への意思や経済的利害も働いているかも知れません）、自我と手を携えて肥大化する妄想に妨げられて、周りが見えなくなりがちだという事情があります。そのため、そもそもなぜ憲法があるのか、なぜ法があるのか、法にはいつも必ず従わねばならないのか（そうではありません）、人とはそもそもどうしたものなのか、そうしたこの世の実際のありようが見えなくなってしまうのでしょう。自分の膨れ上がった妄想を投影したものが憲法だと思い込んでいるわけです。

そうなってしまった人たちは、こんな本は読まないだろうと思います。そうなっていない方にとっては、そうならないためのよすがになるかも知れません。

羽鳥書店の矢吹有鼓さんは、この本の出版をすすめて下さり、全体の構成についてのアイディア、原稿の整理、校正、そして表紙のデザインにいたるまで、懇切なお世話をいただきました。厚く御礼申し上げます。

二〇一九年九月

Y・H

目次

第一部

憲法学の虫眼鏡

第二部

法の森から

第三部

比較できないこと

So we cannot do without a capacity for
judgement that is not itself rule-governed.

——Alasdair MacIntyre

第一部

憲法学の虫眼鏡

1　森林法違憲判決

日本の最高裁は、法令を違憲と判断することが稀であることで世界的にも知られている。数少ない法令違憲判断の中に、一九八七年に下された森林法違憲判決がある。

この判決では、持分価額が二分の一以下の森林の共有者は、共有林の分割を請求することができないとする森林法の規定が問題となった。共有者は、いつでも共有物の分割を請求することができるとする民法二五六条に対する特則となっている。たとえば、ある森林を二人で半分ずつ共有している場合、いずれの共有者も、持分価額は二分の一なので、分割請求ができないことになる。

最高裁の大法廷は、この森林法の規定には、森林経営の安定を図るという立法目的に照らして、必要性もなければ合理性もないことが明らかだとして、財産権を保障する憲法二九条に違反するとした。この場合、本則にもどって民法二五六条の規定する通り、森林法の共有者は持分価額が二分の一以下でも、分割請求ができることになる。分割すれば、それまでの二分の一ずつを二人がそれぞれ単独所有することになる。

この判決で興味深いのは、物の所有のあり方は、単独所有が原則だと最高裁が明言していることである。なぜかというと、「共有の場合にあっては、持分権が共有の性質上互いに制約し合う関係に立つため、単独所有の場合に比し、物の利用又は改善等において十分配慮されない状態におかれることがあり、また、共有者間に共有物の管理、変更等をめぐって、意見の対立、紛争が生じやすく、いったんかかる意見の対立、紛争が生じたときは、共有物の管理、変更等に障害を来し、物の経済的価値が十分に実現されなくなる」からである。そして、「共有物分割請求権は、各共有者に近代市民社会における原則的所有形態である単独所有への移行を可能ならしめ、〔物の経済的効用を十分に発揮させるという〕公益的目的をも果たすものとして発展した権利である（傍点筆者）。

単独所有が原則であるからこそ、共有物の分割請求権を制限すると、憲法の保障する財産権を制約していることになるし、必要性と合理性において十分に正当化されない限り、そうした憲法上の権利の制約は違憲となる。違憲とされれば、実定法の状態は単独所有が原則とされる民法二五六条の規定通りの状態に回帰することになる。いわゆるベースラインへの回帰である。

さて、単独所有こそが近代市民社会における原則形態である理由として、最高裁が提示する議論は、中世カトリック神学をかじったことのある人間であれば、どこかで読んだことがあるなと思うものでもある。

旧約聖書に収められた『創世記』は、その冒頭で、神による天地創造を物語る。地と海と、日と月と星と、鳥と獣と魚を創造した神は、最後に、次のように言う。「われらの像〔かたち〕に、われらの姿に似せて、人を造ろう。そして彼らに海の魚、空の鳥、家畜、地のすべてのもの、地上を這うすべてを支配させよう」。男と女を創造した神は、彼らに言う。「生めよ、増えよ。地に満ちてこれを従わせよ。海の魚、空の鳥、地を這うすべての生き物を支配せよ」。

つまり、地上のもの、海の中のもの、空を飛ぶものはすべて、全人類に与えられている。この世のものはすべて、そもそもは、全人類の共有財産であった。特定の誰のものでもなく、誰ものでもある状態、入会地のような状態である。村の誰もが、柴をとって薪とすることができ、草を刈って家畜の餌にすることができる。ウサギや鹿を捕まえて、晩御飯のおかずにすることができる。当初は、この世のすべてが、そうした状態にあった。

ところが、その当初の状態は長くは続かず、地上は「これは私のもの、それはあなたのもの」という形で、それぞれに単一の所有者が定まる所有制度がおおうようになる。自然法である共有状態に代わって、人為的な所有制度が設営される。

トマス・アクィナスは、こうした所有制度の設営も、必然とは言えないが、認められてはいると言う。なぜなら、「第一に、誰でも、全員のものや多数に属するようになるものよりは、自分だけのものとなるものを、より熱心に手に入れようとするものだから。……第二に、それぞれが自分のものを配慮するようにした方が、物事は秩序立って行なわれ、あらゆる者があらゆるものの面倒を見ることとなると、混乱が生ずることになるから。第三に、それぞれが自分のもので満足するならば、人々にとってより平和な状態が確保されるから」（『神学大全』IIaIIae66）。

アダムとイヴが神の命に背いて罪を犯したために（具体的に何をしたか、詳らかには説明いたしませんが）、人の本性は利己的となって、全体のためにすすんで働こう、配慮しようとはしなくなった。堕罪後の社会では、単独所有の状態が、各人にとっても、また社会全体にとっても、より好ましい状態となる。物事の管理・運営もより善く配慮・調整され、紛争が起こる蓋然性も減る。

とはいえ、単独所有が支配する状態は、そもそもの自然法には適っていない。当初の自然法の下では、この世のすべては全人類の共有物であった。十分な理由があるならば、それを人為的に変更することも可能だというだけである。そうであれば、単独所有への人為的変更を支える理由が当てはまらない状況では、当初の自然的正義の状態が復活してしかるべきである。また、単独所有が支配している社会においても、その背後にはつねに、本来的にはすべてのものはすべての人の共有であるという状態が伏在している。さらに言うならば、私は何も所有することなく、生きていくという選択の可能性も開かれている。

たとえば、日照りが続いて井戸のほとんどが涸れ、今や飲み水を汲むことのできる井戸は一つだけになったとしよう。その井戸はメリッサが所有している。所有者である以上、メリッサはその井戸も、また井戸から汲むことのできる水も、彼女自身で自由に処分することができるのであろうか。彼女と彼女の家畜だけが水を飲み、他の人々には決して分け与えることはないという選択も、許されるのであろうか。前述の神学的所有制度観からすれば、そうした選択は許されない。

イエス・キリストが生きた社会は、単独所有が支配する社会であった。「これは私のもの、それはあなたのもの」という区別がはっきりしていた社会である。しかしイエスは弟子たちに言う。「道中は一本の杖のほかには何も携えないように。パンも、革袋も持たず、帯の中には銅貨もいれず」(『マルコによる福音書』6:8)。

イエスがそう命ずる相手は弟子だけではない。「行って、自分の持っているものを売り払って、貧しい者たちに与えなさい。そうすればあなたは、天に宝を持とう」(『マルコによる福音書』10: 21)。

何の財産もなく、何の蓄えもなしでは飢え死にしてしまうのではないか。しかし、飢えた者が、麦畑の中を通るとき、麦の穂をつんで食べることはできる。それが安息日であっても(『マルコによる福音書』2:23–28)。また、過越の食事を裕福な人に用意してもらうことはできる(『マルコによる福音書』14: 12–16)。

このように、自分の財産ではないものを費消することも認められている。当初の自然法からすれば、すべてのものはすべての者の共有物である。社会の実定法(人為法)からすれば、食事を恵んでもらうよう人に要求すること、裁判を通じて請求することはできない。そんな権利は実定法が認めるところではない。しかし、神の法からすれば、人の食べ物であっても、緊急の際には、飢えをしのぐためにそれを食べることは十分に正当である。

以上のような伝統的な物の所有と費消に関する考え方からすると、ジョン・ロックが『統治二論』で唱えた「自然権としての所有権」という観念がいかに革命的であったかがよく分かる。ただ、そのロックも、出発点においているのは、この世のすべてのものが全人類の共有財産である自然状態である。人は神から自分の身体を固有のものとして与えられている。その身体を動かして（労働して）全人類共有のものを自分のために取り出すとき、たとえば魚を釣る、ウサギや鹿を狩る、土地を耕して麦を収穫するとき、自分の労働と全人類の共有物は混和し、そうして得られた物は、自身の固有の財産となる。

もっともロックは、人が労働を通じて自身の固有の財産を全人類の共有財産から切り出すとき、「少なくともほかに他人の共有のものとして、十分なだけが、また同じようによいものが、残されている限り」という前提条件を付けている（『統治二論』二篇五章二七節）。たとえば、ある人が海で魚を釣ると、その結果として、その海の魚すべてがその人のものになるわけではない。議論の基本的構造が、トマス・アクィナスの議論と大きくことなるわけではない。しかし、ロックによれば、個々人が手に入れた財産は、固有の自然権であり、それを政府が侵害すれば、抵抗権の発動さえ正当化される。

日本の法学者の中には、ロック流の「自然権としての所有権」という観念に慣れ親しんだ人は多いようだが、彼が革新した伝統的な所有観念に言及する人は少ない。しかし、森林法違憲判決で最高裁が依拠しているのは、妻子にいたるまですべてを共有にすべきだとするプラトン（『国家篇』）へのアリストテレスの批判（『政治学』二巻三章、四章）にはじまり、デイヴィッド・ヒュームに受け継がれた（『人性論』三篇二部二節）伝統的な所有観念のようである。

2 法律の誠実な執行

日本国憲法七三条一号は、内閣の職務として「法律を誠実に執行し、国務を総理すること」を挙げている。「国務を総理すること」が何を意味するかについて、近年では、それがいわゆる「統治」ないし「執政」を含むか否かについて論争がある。

ここで取り上げるのは、およそ論争が起こりそうもない「法律を誠実に執行し」の方である。行政権をつかさどる内閣が、法律を誠実に執行すべきことは、疑う余地のない明白なことのように思われる。しかし、そうであろうか。

教科書や注釈書の類で議論されているのは、内閣が違憲だと考える法律の執行を拒否できるかである。日本国憲法は、議院内閣制の仕組みを採用しており、法律として可決・成立する法案の大部分は、内閣提出法案（いわゆる「閣法」）である。また、議員提出の法案であっても、少なくとも衆議院の多数派を支配しているはずの政権・与党が違憲だと考える法案の成立を阻止することは、容易である。現実には、なかなか起こりそうもない設定ではあるが（政権交代が起こったときであろうか）、学説の多くは、内閣はたとえ違憲だと考える法律であっても、その法律の執行を拒否し得ないとする。

とすると、内閣は現に存在する（妥当している）法律は、すべて一〇〇パーセント執行する義務を負うのであろうか。少し考えてみれば分かるように、そんなことは不可能である。グリコ・森永事件を引き合いに出すまでもなく、明々白々たる犯罪であっても、その犯人を必ず検挙できるわけではない。また、犯罪を実行した容疑で逮捕されたとしても、必ず起訴されるわけでもない。さらに、軽犯罪法で明確に犯罪とされている行為であっても、日常的に放置されている行為も少なくない。

刑事法の領域でさらに話を進めると、内閣には恩赦を与える権限も認められている（憲法七三条七号）。裁判による刑の言い渡しの効果を変更（減軽）し、特定の罪について公訴権を消滅させることができる。この罰条については、執行しませんと明示的に宣言することさえできるわけである。

となると、内閣を頂点とする行政は、違憲だとは考えない法律（とその適用結果である判決）であっても、行政独自の判断で、一〇〇パーセントの執行はしないことが、憲法上も許容されていることになりそうである。法の支配や権力分立原理は、一体どうなってしまうのだろうか。

一つの答え方は、利用可能な人的・物的資源の範囲内で可能な限り「誠実に法律を執行」することが求められているのであって、それ以上のおよそ実現不可能なことは求められていない。したがって、たとえ行政が法律の要求を一〇〇パーセント実現し得ないとしても、そこに故意・過失があるとは言えず、少なくとも国家賠償責任を問われることはない、というものであろう。また、恩赦は憲法自体が明示的に認める例外であり、例外にとどまり続けている限りは、さほど気にするにも及ばない（あなただって、そんなに気にしていなかったでしょう）。起訴便宜主義も、刑事訴訟法が明文で認めている話である（二四八条）。

ところ変わってアメリカの話である。アメリカ合衆国の大統領は、連邦議会が可決した法案に署名するにあたって、大統領が当該法律をいかに解釈し、行政各部にいかなる執行を指示するかについての大統領の見解を明らかにする声明（signing statement）を付加することがある。

ジョージ・ウォーカー・ブッシュ政権下で世論の強い批判を浴びた問題として、テロ容疑者を、ウォーター・ボーディング（水責め）等の拷問にかけていた事件があった。これに対して連邦議会は、二〇〇五年一二月にマケイン上院議員の提案した拷問禁止法を圧倒的多数で可決したが、署名に際してブッシュ大統領が公表した声明は、軍の総指揮官および一元的な行政府の長（head of the unitary executive branch）である大統領の権限と整合するように同法を解釈・適用するよう公務員に求めている。要するに、安全保障上の必要性があると認めるときは、拷問――「強化された尋問（enhanced interrogation）」と言うべきか――を命ずる権限が大統領にあることを示唆している。

オバマ政権下でも、移民国籍法（Immigration and Nationality Act）の下で退去強制の対象となり得る若年者の中で、幼少期に来米し通常のアメリカ人と同様に生活しているなど、一定の条件を満たす者については退去強制措置を延期し、その間、就労許可を認める措置を大統領令（Deferred Action for Childhood Arrivals: DACA）によって施行した例が知られている。

アメリカの大統領は、連邦議会の制定した法律であっても、場合によってはその法律を適用しないと公然と宣言し、それを実践に移す。日本国憲法下での立法と行政の関係とは、異なる理解が妥当している。

アメリカ合衆国憲法上の諸観念は、イングランド法に遡ることのできるものが多い。一般的ルールの適用停止（dispensation）もその一つである。一六八八年の名誉革命をひき起こした要因の一つは、ジェームズII世が、カトリックの公職就任を禁ずる審査法（the Test Act）の執行を一般的に停止したことである。王太子時代からカトリックであることを公にしていたジェームズは、審査法にもかかわらず、多くのカトリックを文官・武官の要職に採用して世論の反感を掻き立てた。

一六八八年の「七司教事件（the Seven Bishops case）」で問題とされたのは、カンタベリー大司教を含む七名の司教が、ジェームズII世が一六八八年四月に布告した第二次寛容令（the Declaration of Indulgence）――カトリックの公職就任を禁止する審査法（the Test Act）の一般的な執行停止の宣言――を説教壇から読み上げることを拒否する旨の陳情を行なったことである。七名の司教はこの陳情を行なったことを理由に、文書煽動罪（seditious libel）に問われた。

事件の根本にあった対立点は、国会制定法の執行を免除する国王の権限（dispensing power）が宗教上の問題にも及ぶか、そして国王の執行免除権限が個別の事例を超えて法律の執行を全面的に停止する権限にまでも及ぶかであった。訴訟の場では、司教らの陳情行為が文書の「出版 (publish)」にあたるか、さらに当該陳情が政府の名誉を毀損したか、司教らに「故意 (malice)」はあったか等の論点も争われた。審理にあたった複数の裁判官は、審理終結の際の陪審説示において法律上・事実上の争点について相互に見解を異にし、夜通しで評議した陪審は、司教らの行為は文書煽動罪には該当しないと判断して、全員が無罪となった。

一六八九年の権利章典（the Bill of Rights）はその前文で、「前王ジェームズII世が、邪悪な顧問官、裁判官、廷臣の補佐により、プロテスタンティズムとこの王国の法と自由を覆し根絶しようとした」旨を述べている。悪行の筆頭に掲げられているのは、「国会の同意なく、法律および法律の執行を免除し、停止する（dispensing with and suspending）権限を僭称したこと」である。章典の本文は、「法律または法律の一部の執行を停止する国王の措置（non obstante）は無効である」旨を明らかにしている。ダイシーの『憲法序説』は、権利章典を根拠としつつ、法に従う義務を政府（the Crown）が免除することはできない、というルールを law of the constitution の典型例として挙げている（*An Introduction to the Study of the Constitution*, 10th ed., p. 25）。

章典はさらなるジェームズの悪行として、「勾留された刑事被告人に過大な保釈金を要求したこと」、「過大な罰金を科したこと」並びに「法に反する残虐な刑罰を科したこと」を挙げる。ジェームズ治下での残虐な刑罰を象徴するのは、チャールズの没後、ジェームズの王位継承を阻止すべく一六八五年に武装蜂起したチャールズの非嫡出子、モンマス公の反乱に加担した者を裁いた「血の巡回裁判（the Bloody Assize）」である。この裁判では、二〇〇人以上の者が絞首された後、斬首の上、身体を四つ裂き（quartered）にされ、塩ゆでにされた挙げ句にタールを塗られて街灯や樹木にさらされた。

血の巡回裁判の最も著名な犠牲者は、老齢で耳が不自由であったレイディ・アリス・ライルで、彼女は反乱に加担し敗走した知人を匿った罪で起訴された。彼女は裁判で、自分は知人が反乱に参加したことを知らなかったし、その外見や振る舞いにも、戦いに加わったことを示すものはなかったと弁明したが、裁判長であったジョージ・ジェフリーズは陪審に対して、「この嘘つきでめそめそした哀れっぽい長老派の悪党は、いずれにせよこの前の陰謀と反乱に加わっていたのだ」と教示し、有罪の評決が出ると彼女を火あぶりの刑（stake）に処した。ジェームズは刑を減じて斬首とした。

過大な保釈金・罰金の禁止、残虐刑の禁止は、一七九一年に成立した合衆国憲法第八修正へと受け継がれた。そして、同修正は形を変えて、「残虐な刑罰」を絶対に禁ずる日本国憲法三六条へと受け継がれている。

国王による法律の執行停止は、法律の規定する一般ルールを個別の場面で執行しない権限を国王に認めるものである。ジェームズが行なったように、法律自体の存在意義を掘り崩しかねない一般的な執行停止は、問題が深刻にすぎる。ただ、翻って考えると、そもそも行政権が法律を一〇〇パーセント、額面通りに誠実に執行するのであれば、立法と行政とを分立させる意味はどこにあるだろうか。具体の場面において、法律の文面通りには執行しないという行政の判断が可能であって、はじめて両者を区分することに意味があるとは考えられないだろうか。

一般的なルールの定立と個別の場面でのその執行とでは、別個の判断があり得るのではないかという問題は、奇蹟は起こり得るかという神学上の問題と関連している。神が完璧な一般法則に基づいてこの世を創造した以上、神は創造後のこの世の出来事に個別に介入するはずはないという立場（理神論）はあり得る。そうであれば、奇蹟は起こり得ない。神の創設した一般的ルールの内容に、なお人知の及ばない部分があるために、奇蹟であるかのように人には見えるだけの話である（マルブランシュやスピノザは、そう主張した）。

他方、神は個別具体に人事に介入するという主張も見られる。フランスをブルボン家という特定の家系が支配するに至ったのも、ハプスブルク家のマリー＝テレーズとルイXIV世の間に婚姻が成立したのも、神の特殊摂理（providence particulière）によるとするボシュエの主張は、その典型である。一般秩序に安住しようとする哲学者たちへの軽蔑をボシュエは隠そうとしない（*Oraison funèbre de Marie-Thérèse d'Autriche*）。

特殊意思に基づく神のこの世への介入の余地を認めるとき、ある事象が一般意思の結果か、特殊意思の結果かを見分けることは難しくなる。死に至る決闘直前のハムレットが述懐するように、「雀一羽落ちるのも神の特殊摂理（special providence）」であり、「今でなくとも、来るものは来る」というわけである（『ハムレット』第五幕第二場。邦訳では普通、「特殊 special」は省略されている）。一般意思も特殊意思も、同じ神の意思である。具体の事象をいくら観察・分析しても、一般か特殊かを見分けることはできない。

立法と行政とを分立させれば、一般意思と特殊意思とは区別できるように見える。しかし、行政が一〇〇パーセント法律を誠実に執行するだけであれば、そこに本当の意味での特殊意思はない。あるのは一般意思とその誠実な具体化だけである。

日本では行政権による法律の執行停止という論点が、そもそも意識されることがない。それを意識しないで済むことは、幸福なことなのであろう。法律が果たしてどこまで額面通り、誠実に執行されるべきなのかという問題が、この世から消えてなくなるわけではないのだが。

3　カール・シュミット『政治的ロマン主義』

カール・シュミット著『政治的ロマン主義 *Politische Romantik*』〔＊1〕は、初版が第一次大戦直後の一九一九年に刊行された。同年六月にはヴェルサイユ条約が調印され、八月にはワイマール共和国憲法が制定されている。シュミットは、一九一八年一一月のストラスブール大学閉校のため、同大私講師の地位を失い、一九年九月にミュンヘン商科大学講師の職を得た。その間、彼はミュンヘンで行なわれたマックス・ウェーバーの講演「職業としての政治」に出席している。

ロマン主義という概念の使用法は恐るべき混乱に陥っており、両立し難い多種多様な意味が込められているというのが、シュミットの診断である。彼によると、ロマン主義を特徴づけるのは、カスパー・ダーフィト・フリードリヒに代表される山岳風景や廃墟の描写でもなく、神秘主義や異国情緒や恋歌でも、ましてや革命思想でもなければカトリシズムに連なる保守主義でもない。合理主義でも古典主義でもないものをロマン主義とまとめて呼んだところで、意味のある理解にはつながらない。ロマン主義を特徴づけるのは、その形而上学的前提であり、そこから流出する個人観と世界に向き合う姿勢である。

ロマン主義の形而上学的前提は Okkasionalismus（英語で言う occasionalism。シュミットは Occasionalismus と綴る）である。日本語では偶因論とか機会原因論等と訳されているようであるが、何のことだか今一つピンと来ない。occasio, occasion には、たしかに偶然事（Zufall, contingency）という意味も含まれるが、ここではあり得る批判を恐れずにあえて「事象主義」と訳すことにしよう。シュミットは事象主義の代表的論者として、マルブランシュの名をしばしば挙げる。

ことの起こりは、デカルトが始めた心身二元論にある。人は心と身体からなる。この二つはどのように相互作用するのか。それともしないのか。心が身体を支配しているのか、それとも心は幻ですべては身体の働きなのか。どちらでもないのか。

この疑問への回答（の一つ）が事象主義である。心に浮かぶ想念、身体の動き、それらはすべて何の原因でもなく何ももたらさない。つまり、心身は相互作用を起こすことはない。すべての原因は神であり、心や身体の動きはその単なる現れ（事象）に過ぎず、本質的な意義を持たない。特定の身体の動きという事象に対応して、神は適切な心理状態をもたらす。特定の心の動きという事象に対応して、神は適切な身体の動きをもたらす。それだけである。

そうなると、ことは心身の相互作用にはとどまらない。この世界で起こっている（かのように見える）すべては、唯一の真の原因である神の力の現れであり、それ自体は何の原因でもない。それらの間には何の一貫性も整合性も因果関係もない。バラバラの事象群に過ぎない。

時は近代に至り、神は退場した（多くの人々にとっては）。しかし代替物はある。歴史を突き動かす理性、生産力の発展段階、共同体の理念と命運等々である。いろいろな候補があり得るものの、ロマン主義者に共通するのは、この世の出来事、自身の経験のすべては、本質的な意義の欠けたかりそめの事象に過ぎないという姿勢である。本質的な原因は、諸事象の背後にあるすべてを支配する真の実在、別次元の高度な力に求められる。

この根本的な形而上学から――論理必然というわけではないのだが――この世界に対するさらなる態度と思考様式が導かれる。まず、この世のすべてはかりそめの事象に過ぎない以上、それに対する適切な態度は、美的な観点からの受け入れであり、鑑賞／感傷である。つまり受け身の姿勢である。この世の事象に積極的に関与する意味はない。しかし、審美的鑑賞／感傷の主体はあくまで「私一人」であり、そこから奇妙にも主観の絶対化が帰結する。こうして生まれた絶対的主観はこの世のすべてに対し、恋人であるはずの対象に対してさえ無責任でアイロニカルな態度をとる。崇拝の対象となるべき恋人の気高さは、ドン・キホーテにとってのドルネシア姫と同様、実は自身の美的インスピレーションの反映であり、恋人そのものは偶然の事象（Anlaß）に過ぎない。

しかし、こうしたアイロニーは絶対化された自身には妥当しない。そこに立ち現れるのは、自己に対する客観視を欠いた、つまりユーモアのセンスを欠いた大まじめで pathetic なアイロニーである。道徳も倫理もその意義を否定され、すべては個々人の情動と霊感へと解消される。つまり、ロマン主義とは、極端に主観化され、私化された事象主義である。

こうしたロマン主義の形而上学と姿勢とは、政治の世界にも当てはまる。政治的ロマン主義は、何か特定の主義主張と必然的に結びつくわけではない。フランス革命が起こればフランス革命と結びつき、王政復古となれば反動的復古主義と結びつき、七月革命が起これば、またまた革命と結びつく。

政治の世界で起こる革命、反動、戦争、クーデター、ゼネスト、集会、審議、選挙等々は、本質的な意義の欠けた、何事の原因でもない、かりそめの事象の連なりに過ぎない。それらは、個々の絶対的主観にとって、さまざまな情動をもたらし、批評と論争の対象とはなるものの、決断とコミットの対象となるものではない。政治の世界におけるロマン主義者たちは、そのため、あくなきオシャベリに明け暮れる。オシャベリが何事かを解決するわけでもなく、発言の結果として何かに責任をとるべきことにもならない。オシャベリは果てしなく続き、何事も解決されず、誰も何に対しても責任をとることはない。そもそも、政治的決断と行動は、ロマン主義者からすれば何の意味もない。彼らにとって意味を持ち得るのは、異次元に属する、美化され詩作の題材となり、偏愛の対象となり得る国家や王室、民族や階級ではあり得ても、現実の政策や法制度ではない。

シュミットは、こうした政治的ロマン主義者による果てしないオシャベリ政治——現在では上品にも「討議民主主義（deliberative democracy）」と呼ばれているが——を支える制度的前提があることを示唆する。公私を区分するリベラリズムの政治体制である。シュミットは、絶対的真理であることを要求するキリスト教に対して、リベラルな宗教的寛容を遂行しようとしたユリアヌス――「背教者」と呼ばれるユリアヌス帝――をロマン主義者として紹介する。

絶対的主観と化した個人を政治の「現実」、究極の力の行使から守り、多様な政治的・思想的立場の存立を私的領域において保障するリベラルな政治体制があってこそ、政治的ロマン主義は成り立つ。リベラリズムの下での議会主義が、喫緊の現実的課題に対して解決策を示すことも、敵と味方とを決然と判別することもなく、果てしないオシャベリに興ずることに、何の不思議もない。国民全体にとっての課題を解決すべき議会は主観的な情動と私的諸利害に占拠され、誰も何の責任もとろうとしない。一九二五年刊行の第二版序言でシュミットが描くように、あらゆる国家制度、法概念、さらには民主主義そのものも空虚な欺瞞であり、うわべだけの装飾、フェイクに過ぎないのだから。こうした観察が、議会主義を廃棄し、異質な諸要素を排除し、法や倫理の拘束から解き放たれて（absolved）行動する、民主制の絶対主義（absolutism）を唱導する後のシュミットを支えている。

それにしてもシュミットを読んでいると、何か見知らぬ異次元の力と直感に捉えられ、突き動かされて、最後はリベラリズムの根底的批判へと行き着いてしまう。何とも不思議なことである。

『政治的ロマン主義』からは、シュミットが、分析対象とされたさまざまな思想家に対して、何の共感も抱いていないことがよく分かる。本書の何とも言えない読みにくさは、そこから（も）生まれている。その場限りで雑多でとりとめもないことを言い繕う、うわべ限りの、自身の情動と感傷に酔い痴れる、オシャベリ好きの批評家として、アダム・ミュラーもシュレーゲル兄弟も描かれる。

万物の中に潜む鼓動し躍動する生を、生けるものの中で最も鋭敏な意識を備えた人間が、表面的な知覚を超えて感じ取り、その尽きせぬ意義を寓喩や象徴を通じて描き出そうとするからこそ深遠で価値ある芸術が生み出されるというシェリングの主張も、古典主義的な価値の斉一性・整合性・普遍性を否定し、共同体ごとに異なる多様な文化、人によって異なる相衝突する多元的価値をそれぞれ承認しようとするロマン主義の根底的前提も、シュミットからすれば、事象主義から流出する意味の奪われた、悪夢さながらの混迷を示すだけである。フェアな観察・分析とは到底思えない。

そもそもロマン主義の精神に形而上学的構造は存在するのか。この世界に所与の静態的構造などない。この世の理なるものを全否定し、すべては各自の意思と意識の力によって自律的に切り拓かれ、手の届き得ないものへ到達しようとする奔流であり、知的に分析され、書き留められた途端に死んでよどんだ水たまりになる。それがロマン主義を突き動かす精神であったはずである。一九世紀のドイツでBildung、思考と直感と感性の総合を通じた自己形成があれほど強調された理由もそこにある。

ロマン主義者の言う「批評」も、現代のわれわれが想定する、外界の対象に対する審美的判断にとどまるものではない。それは批評者自身が他者の作品を通じて自身を省察する活動であり、異なる主体間のコミュニケーションであるとともに、批評者自身の内的なコミュニケーションでもある。サヴィニーの描く法学者が、法の認識者にとどまることなく、法の芸術家、制作者でもあるのは、そうした理由からである。法の認識と評価を峻別することはできない。法を理解し、保持し、蘇生させるのは、多様な主体間の自由なコミュニケーションを通じて構成され、形成される法学コミュニティの一員としての活動である。それは自己との対話であると同時に、同じ共同体に属する過去・現在・未来の他者との対話でもある(サヴィニーの法学観とロマン主義の連関については、Olivier Jouanjan, *Une histoire de la pensée juridique en Allemagne (1800-1918)*, (PUF, 2005), première partie参照)。

ロマン主義が明るみにした価値の多元性、多様な価値の比較不能性は、かりそめの表面的なものではない。それは我々が生きるこの世の現実のありようである。異なる価値、異なる文化を各主体が激情に突き動かされるままに真摯に貫こうとすれば、血みどろの殲滅戦がもたらされる。ロマン主義の後裔(の一つ)であるファシズムは、それを如実に示した。

価値の多元性を如実に示したロマン主義が今、われわれに教えるのは、アイザィア・バーリンが指摘するように(Isaiah Berlin, *The Roots of Romanticism* (Chatto & Windus, 1999))、人が人として生きる上での妥協の必要性であり、多様な諸価値のフェアな共存を目指す政治体制の意義を学ぶことではなかろうか。ロマン主義者の主張にもかかわらず、真摯に生きること（欺瞞を否定すること）は人生のすべてではない。リベラルな立憲主義は、たわいもないオシャベリを自己目的とするわけではない。それなしに、我々が生きていくことはできない。絶対的とされる唯一の価値に隷従して生き長らえるか、あるいはそれに殉じて滅亡するかである。

『政治的ロマン主義』は、ロマン主義とは何であったかよりもはるかに、シュミットとは何者であったかを示しているように思われる。

＊1　『政治的ロマン主義』の初版は一九八二年、未來社から橋川文三氏訳で、第二版は一九七〇年、みすず書房から大久保和郎氏訳で、邦訳が刊行されている。

4 緊急事態に予めどこまで備えるべきなのか

緊急事態に備えるべく、憲法を改正しておくべきだという議論がある。実際には、現行法制上も、災害対策基本法や各種の有事立法、さらには警察法第六章の「緊急事態の特別措置」等、緊急事態への対処を目的とする立法は数が多い。それなのに、憲法を改正してまで、さらに緊急事態に備えるべきだという議論は——まっとうな議論として受け止めればだが——次のような理屈なのであろう。

今でも緊急事態に備えた立法がいろいろと揃っていることは分かるが、実際に現在の法制度で十分に対処できるかどうかは、その場になってみないと分からない。その時になって法律を急拵えで作るとしても、国会の召集とか、衆参両院の審議をするとか、いろいろと時間もかかるだろう。内閣だけで制定できる政令で、法律と同等の効力をもって対処できるようにしておく方がよいのではないか。

それなりに筋は通っているようだが、本当にこれでよいのだろうか。未来のことはたしかに分からない。何が起こるか分からないのだから、いくら整っているとはいえ、現在の法制度で対処できない事態が発生する可能性も、小さいとはいえ起こらないとは限らない。理屈としてはたしかにそうであろう。しかし、何が起こるか分からないから、何にでも対処できるようにしておこうとすると、とてつもなく広い権限——ここでは法律と同等の効力を持つ、つまり既存の法律を改廃することもできる効力を有する政令を発する権限を政府に与えなければならないことになる。

緊急事態に対処するための政府の権限は濫用されるものである。権限が広ければ広いほど、濫用されるリスクは高まる。悪くすると、ワイマール共和国での緊急事態権限がそうであったように、既存の政治体制を守るための権限が、既存の政治体制を根幹から覆す手段として使われかねない。何が起こるか分からないことのすべてに対して、予め備えておこうとすること自体に、とてつもないリスクが含まれている。

ではどうするのか、何の備えもなくてよいのか。

前述したように、それなりの備えは現在でもある。しかし、それでは対処できない事態が発生するリスクは、たしかにある。さて、そのとき、政府はどのような行動に出るであろうか。法律が我々に与えている権限はここまでだ、それ以上のことをすると法律に違反することになる。緊急事態に対処するためには必要なことなのだが、法治国家の政府として、法律違反の措置はとれない。やはりやめておこう——それが政府のとるべき態度だろうか。

ダイシーの『憲法序説 *An Introduction to the Study of the Law of the Constitution*』第一〇版は、

「法の支配（the rule of law）」に関する第二篇の末尾で、政府はときに、法の支配に反して行動すべき場合があると言う（四一二―一三頁）。

暴動や侵略により、法治体制を守るためにも、法に違背せざるを得ない場合はある。政府がとるべき行動は明白である。内閣は法に違背した上で、議会が事後的に免責法（Act of Indemnity）を制定することを期待すべきである。この種の法の制定は、議会主権の究極にして最高の行使である。免責法は違法行為を合法化する。それは、いかにして法と議会の権威の維持と危機の際に政府が行使すべき権限とを組み合わせるかという実践的問題を解決する。

ダイシーは、人身保護令状の執行停止、無令状での住居捜索などの政府による措置が、事後的に議会の制定した免責法によって免責された例を挙げる（二三二―三七頁）。歴史的に有名な事例としては、一七六六年に深刻な食料難が生じた際、小麦又は小麦粉を積んだすべての船の出港禁止措置を政府が採った例がある。この措置に関与した諸大臣は、事後的に議会制定法によって免責された（cf. Clinton Rossiter, *Constitutional Dictatorship* (Transaction, 2002), p. 138）。

緊急事態に直面した政府が法律の与える権限外の措置をとり、それが議会によって事後的に合法化され、責任が免除された例は、第一次大戦時のフランスでも見られる（拙著『憲法の論理』（有斐閣、二〇一七）一五二―五五頁は、議会が事後的合法化をし忘れた政令の効力を、コンセイユ・デタがいかに判断したかを描く）。また、アメリカでも、リンカーン大統領は南北戦争に際して、人身保護令状の停止を明示的に議会の権限とする合衆国憲法第一篇第九節第二項にかかわらず、自身の判断で人身保護令状の執行を停止した。議会は一八六三年三月に、この措置を遡及的に承認している。さらにドイツを見ると、軍備拡張に必要な予算の承認を下院が拒否したために一八六二年に始まったプロイセン憲法争議も、宰相ビスマルクが、ケーニヒグレーツでの対オーストリア戦勝後の一八六六年、「法的根拠」のない財政支出を行なったことについて、政府の責任を免除する法案を議会に提出し、可決・成立させることで終結した。

ダイシーが言っているのは、こういうことである。法の支配の原理に反する広汎な権限を政府に予め与えるわけにはいかない。それはあまりに危険である。しかし、緊急の事態に対処するために、政府が既存の法に違背して行動しなければならないことは、たしかにある。そのとき、政府ができることは、事後的に議会が免責法を制定することを期待しつつ、なすべきことをなすことだけだ。もちろん、免責法を議会が制定するか否かは議会が事後的に決めることである。そのことを承知している政府は、事態に対処するために本当に必要最小限度の、これなら議会も免責してくれるに違いないというぎりぎりの措置だけをとることになるだろう。それは、法の支配の原理に反する広汎な権限を予め政府に与えるより、はるかに理にかなっている。権限濫用のリスクは極小化される。

ちょっと待ってくれ、という声が聞こえてきそうである。日本の国会は、「最高機関」であるという憲法四一条の文言にもかかわらず、最高の法的権威を有しているわけではない。そこがイギリスや第三共和政フランスの議会と違うところだ。これらの議会が制定する法律は、文字通り、最高法規である。他方、日本の国会が政府の違法行為を事後的に合法化し、政府の責任を問わないとする法律を制定しても、それを最高裁判所が違憲だと判断するかも知れないではないか。

それでもあまり困らないように思われる。日本の国家賠償法一条は、公務員による違法な公権力の行使がもたらした損害を賠償するのは国または地方公共団体だとしている。違法行為をした公務員個人に対する求償は、当該公務員に故意又は重過失がある場合に限定される。他方、ダイシーが「免責」法の制定を期待すべきだと言うのも、当時のイギリスでは、公務員による違法な権力行使については、当該公務員個人が責任を負うこととされていたからである。

それに、国会による事後法が合憲と判断され、事前に違法であった行為が合法とされたとしても、国民の権利や財産に損害を与えた場合、損失補償はする必要がある。合法な措置の損失補償の額と違法とされた措置の損害賠償の額にさして差異があるとも思えない。政府や地方公共団体による公権力の行使が裁判所によって違法とされる例は、しばしばとは言わないまでも、ままある。緊急事態に限った話ではない。

違法かも知れない、しかしそれでもこの国の政治体制、市民生活を維持するためには、この行動はぎりぎりの措置としてとらざるを得ない、という決断ができないような政府や政治家、自分たちがとる措置はどんなものでもすべて合憲・合法だというお膳立てが予めできていない限り、緊急事態に対処する気にそもそもなれないという政府や政治家に、そもそも日常的な国政でさえ委ねてよいものだろうか。

法制度は、作ればそれでいいというものではない。制度を運用し担う人間が、それに相応する能力と覚悟を備えているか否かこそが、肝心な点である。

最近、提起されるようになった、衆議院議員の任期をいざというとき延長できるようにしてはどうかという問題も、同じように考えていくことができる。単純なので、任期満了による総選挙の場面を考えてみよう（解散による総選挙の場面では、参議院の緊急集会によって対処できることが、憲法の条文上も明らかである）。

公職選挙法によると、任期満了による衆議院議員の総選挙は、「議員の任期が終る日の前三〇日以内に行う」こととされている（同法三一条一項）。「いざというとき」というのは、大災害等が起こって、総選挙ができないうちに衆議院議員の任期が終ってしまう場合のことを指しているのであろう。

第一に、任期が終ってしまっても、その後に総選挙ができないわけではない。その旨の規定を公職選挙法におけばいいだけである。

第二に、公職選挙法の選挙期日の定めをどこまで厳格なルールとして受け取るべきなのかという問題がある。政府の有権解釈を集めた『選挙関係実例判例集〔第一六次改訂版〕』（ぎょうせい、二〇〇九）によると、こうした選挙期日の定めは「訓示規定」であり、言い換えると、正当な理由のあるときは、必ずしもこうした期日の定めに従う必要はない（三三一頁以下）。このことは、憲法五四条一項の期日の定めについても言い得ることであろう。

第三に、衆議院議員の任期が終ってしまってまだ総選挙を施行することもできない、という状況で、緊急の立法が必要となることがあるかも知れない（前述のように、ギリギリで法に反する措置をとることもあり得るが、緊急の立法の必要がないとは言い切れない）。その場合は、憲法五四条二項の類推で、参議院の緊急集会を求めることができる（高見勝利「非常事態に備える憲法改正は必要か」論究ジュリスト二一号（二〇一七年春号）一〇二頁もこうした立場をとる）。

とはいえ、本当に類推してよいのか、憲法違反ではないのかという疑問があるかも知れない。しかし、そうした場面に現に直面した場合、内閣は参議院の緊急集会を求めようとしないであろうか。私自身が政権担当者であれば、当然、緊急集会を求めるであろう。そして、参議院議員の方でも、緊急の立法の必要があるという理由で内閣が集会を求めているが、憲法違反かも知れないから私は集会に応じないことにしようなどと言い出すものであろうか。ここでも、制度の表層ではなく、制度を運営する担い手の心構えが問われている。

条文の文字面にこだわることが悪いことだというわけではないが、それは時と場合による。違憲・違法のおそれをすべて予め除去しようとすれば、結局、すべてを飲み込みかねない、とてつもなく広汎な権限を政府に与える、危険きわまりない緊急事態法制に行き着くことになる。人としての判断力が問われている。

5　Thick か Thin か

デレク・パーフィットによると、われわれが日常的に想起し、従おうと心がける義務の多くは、自分と特別な関係にある人々に対する義務、つまり家族や友人、恩人や同志、同僚などに対する義務である。こうした濃密な人間関係における義務は、希薄な関係しかない人一般に対する義務に優越する〔Derek Parfit, *Reasons and Persons* (Oxford University Press, 1984), p. 95〕。

一〇年以上前になるが、筆者は基本権保障に関する内国人・外国人の区別は、濃密か希薄かという違いで説明できるかという問題を検討したことがある〔拙著『憲法の理性』〔東京大学出版会、二〇〇六、〔増補新装版〕二〇一六〕第八章〕。結論はこの違いでは説明できないというものであった。各国政府が自国民の基本権保護を第一義的に任務とするのは、それが地球全体として人権保障をはかるための効果的手段だからである。あくまで人一般を対象とする希薄な義務を実現しようとしている。

濃密か希薄かというこの問題をもう少し考えてみよう。議論を単純化するために、濃密な人間関係で当てはまる義務を倫理〔ethics〕、希薄な人間関係で当てはまる義務を道徳〔morality〕と呼ぶことにする。つまり、倫理は道徳に優先する〔Avishai Margalit, *On Betrayal* (Harvard University Press, 2017) の言葉遣いを借用しています〕。

日本の民事訴訟法・刑事訴訟法は、証人尋問において、近親者が刑事訴追を受け、または有罪判決を受けるおそれのある証言を拒むことができるとする（民訴一九六条、刑訴一四七条）。人一般としては証言すべき義務がある。しかし、近親者が罪に問われるおそれがあるときは別である。

教科書類では、こうした場合でも証言を強制するのは情において忍びないし、強制しても真実を語る保証がないからという説明がされている。つまり、本当は人一般の義務に従って真実を語るべきなのだが、こうした特殊な事情の下では、非合理的な「情」に支配されるために、人としての本来の義務を果たすことができないから、というのが根拠だということになっている。法の観点から見れば、そうなのかも知れない。しかし、親兄弟が罪を問われることになっても、必ず真実を述べることが人としての本来のあり方と言えるのだろうか。

いざというとき、仲間を助けるために、人は嘘をつくことが許されるのかという問題について、カントとバンジャマン・コンスタンが交わした論争が知られている。仲間を殺害するためにやってきた者に「あなたの友達はお宅にいますか？」と問われたとき、カントは嘘をつくべきではないという。これでは、人一般に妥当する道徳を硬直的に適用しすぎているとコンスタンは批判する。

カントはあくまで人一般に妥当する普遍的道徳原則——嘘をつくべきではない——について語っているかのようであるが、果たしてそうなのだろうか。二人が念頭に置いていたのは、フランス革命のさなか、恐怖政治が猛威をふるっていた状況である。根底的に異なる政治体制の建設を目指す党派が暴力的に対立し、市民同士の密告を通じて「反革命分子」が即決裁判で死刑を宣告され、ギロチンで次々に処刑されていた状況である。コンスタンは、こうした状況で「密告」を認めることがいかに反倫理的かを糾弾する。カントは、いずれが正義とも見極めがたい状況で、各人が党派ごとに法を私物化することの危険性を指摘する。公権力をどこまで信用することができるかが、二人の立場を分けている（拙著『憲法の論理』（有斐閣、二〇一七）第六章）。

カントも道徳と倫理とが衝突する場面で、つねに道徳を優先させるべきだと主張したわけではない。道徳的判断主体そのものの破壊を意味する自殺は、普遍的道徳原則に反するとした後で、カントは、フリードリヒ大王が戦場に赴く際、戦い利あらず捕虜となって領土の割譲を迫られる場合に備えて、自殺のための毒薬を携行していたことを指摘する（『人倫の形而上学』A432）。濃密な関係にある我が臣民への義務を遂行するためには、普遍的道徳原則に反する選択も止むを得ない場合がある。

倫理は、弁護士と依頼人の関係のように、濃密でないドライな関係においても議論されることがある。しかし、それは類比に基づく派生的な用法である。あたかも濃密な関係があるかのように擬制した上で、弁護士に守秘義務を課す。そうすることが、依頼人の利益にもなり、当事者間の効果的な攻撃防御を通じて、より公正な帰結を導くことにもなる。究極的に弁護士の義務を支えているのは、希薄な関係にある社会全体の利益であって、依頼人との濃密な関係の維持ではない。同じことは、医者や薬剤師と患者、ジャーナリストと取材源の関係についても言える。

濃密な関係で妥当する本来の倫理は、社会全体の利益とは無関係であろうか。大部分の人が身近な人との倫理を大切にする社会は、そうでない社会と比べれば善い社会であろう。関係を大事にしてもらえる人は、そうでない人に比べればより幸福であるはずである。そうした少しずつの幸福が積み重なれば、社会全体としても大きな幸福となる。そうした意味では、社会全体の利益と無関係ではない。しかし、社会全体の利益を実現するためにこそ身近な人との倫理を守るべきだという言い方は、倫理の意義を歪める。人が濃密な関係を取り結ぶのは、プラス・マイナスの計算上、プラスになる蓋然性が高いから、という利己的な理由に基づくわけではないはずだからである。

もちろん、一方当事者にとって大幅なマイナスがきわめて長期に及ぶような関係であれば、持続可能性は乏しい。しかし、ときにはプラス、ときにはマイナスとなっても、深い絆が維持されること、それ自体が善（good）であるからこそ、人は濃密な関係を取り結ぶ。幸運に恵まれるときも、逆境に置かれるときも、絆を大事にする。

親子関係のように、自身が選択し得ない関係であっても、人は絆の濃淡を選ぶことができる。実の親子関係が必ず濃密だというわけではない。自己情報コントロール権としてのプライバシーが生きる上で持つ重要性も、こうした絆を取り結ぶ（または取り結ばない）人の能力を支えていることにある。

類比に基づく派生的な用法は、本来とは反転した意味合いを持つこともある。政治家の倫理や公務員の倫理がそうである。

政治家も公務員も、選挙で選ばれるか否かの違いはあれ、社会全体の公益に貢献することが求められる。希薄な関係しかない国民一般への貢献が求められる。身近な家族や親友のために行動すること、濃密な関係を取り結んだ人々のために政治権力や法的権限を行使することは、「反倫理」的である。自分自身の出世や保身のために政治権力や法的権限を行使するのと同じ程度に倫理に反する。優先すべきなのは社会全体におよぶ希薄な関係であって、濃密な関係であってはならない。

政治家や公務員について、公と私との整理・区分が強く求められるのは、そのためである。「私」の領域では、彼らであっても、濃密な関係が希薄な関係に優先するであろう。「公」については違う。優先すべきなのは、あくまで社会全体の利益であり、法（の文面だけでなく精神）に即した権力の行使である。こうした道徳と倫理の関係は、特別である。市民一般について言えば、倫理が道徳に優先するのが原則なのであるから。

実際には、政治家や公務員であっても、濃密な人間関係を優先させたいと思いがちなものであろう。彼らも人間である。それが分かっているからこそ、政治家や公務員特有の反転した倫理と潔癖さが求められる。だからこそ、周囲の情況から推測して、特有の倫理に反する判断がなされたのではないかと人は疑いをかける。「李下に冠を正さず」ということわざが示しているのも、こうした意味の反転した倫理状況である。

濃密な人間関係で結託した集団が官邸や官僚機構を、さらには一部のマスコミまでも占拠し、社会一般に対して権力行使の説明責任を果たそうとしないとき、公権力は私物化され、人と人との私的な絆を梃子に、正統性の蒸発した剝き出しの権力が振るわれる封建制度がよみがえる。つまるところそれは、組織的犯罪集団(マフィア)による政治である。今の日本はそうなりつつあるのではないだろうか。

6　有権解釈とは何なのか

藤田宙靖教授は、最近、「自衛隊法七六条一項二号の法意――いわゆる「集団的自衛権行使の限定的容認」とは何か」という論稿を著され（自治研究九三巻六号（二〇一七年六月号）、以下「法意」と略す）、その中で、拙著『憲法の理性〔増補新装版〕』（東京大学出版会、二〇一六）補章IIで筆者が行なった主張に対する応答をしておられる。筆者の主張は、藤田教授が以前に公表された論稿「覚え書き――集団的自衛権の行使容認を巡る違憲論議について」（自治研究九二巻二号（二〇一六年二月号）、以下「覚え書き」と略す）への疑問を提示するものであった。

筆者が日頃から尊敬してやまない藤田教授から、拙論に対する応答をいただいたことは大変にありがたいことであり、また、藤田教授と筆者との間の対立点が奈辺にあるかを明らかにする上でも、大変に意義深いものであると筆者は理解している。結論を簡単に述べると、当初から懸念されたことではあるのだが、藤田教授には、実定法とその解釈に関する筆者の議論の意味内容が十分には伝わっていない。裏返して言うならば、藤田教授が理解するような法規範とその解釈との関係は、少なくとも実定法とその有権解釈との関係にかかわる限りでは、現代日本の法律家共同体の共通了解としては、およそ成り立ち得ないものであると、筆者は考えている。

藤田教授による法規範とその解釈に関する考え方の核心は、次のようなものである（法意一四頁）。

「法律家共同体」の世界における法解釈論は、ある法律（ここでは憲法典をも含む）の規定が制定されることによって何らかの規範が生じたということを前提とし、その規範の内容はどのようなものか（何を定めているのか）あるいは、何が定められていると考えるのが最も妥当であるか、という問題を巡って、各論者がそれぞれに自分の考えを主張し競い合う、という思考枠組み・理論枠組み（法解釈論上の作法）の中で展開される。

この理論的な競い合いにおいては、「論者の平等が保たれている」。したがって、解釈を行なう主体がたとえ内閣法制局であっても、「それ自体の性質はなお一つの「解釈」である」（法意一五頁）。そうである以上、そうしたさまざまな解釈については、いずれかが「客観的に正しい唯一の解釈」であるということはあり得ない（法意一一頁）。競い合う諸解釈は、あくまで「内容」の「適否」について同等の立場で競い合っている（法意一五頁）。

こうしたスケッチから明らかになるのは、藤田教授は、現代日本の実定法は、あくまで制定法規であると考えているらしいことである。その解釈は実定法ではない。そして、実定法の諸解釈は、あくまで解釈であるという点ではすべて平等の地位にあり、いずれかが特権的地位に立つということはない。一学者の解釈論も、内閣法制局の解釈論も、そしておそらくは最高裁判所の解釈論も、すべては平等である。こうした理解からすれば、新たな解釈の方が「正しいと信ずる解釈」だというのであれば、「従前の解釈を変更することはいつでも許される」という立場を内閣法制局の「有権解釈」についてとることも、もちろん許されるのであって、それがなぜ筆者が主張するように「極めて不適切」であるのかは、「私〔藤田教授〕には到底理解できない」（法意一二頁）こととなるのも当然である。有権解釈とされる解釈と、学者の行なう非有権解釈との間に差異はない。「通説・判例」にも何ら特別の地位が認められることはない（法意一五頁）。

それにしても藤田教授は、単なる一法学者がその私的見解を改めるのと同様のことを二〇一四年七月に内閣法制局は行なったに過ぎないと、そして、それにもかかわらずその結果として、安保法案に対するあれほどの広汎な国民の反対運動が起こり、数多くの著名な法律家が安保法案は違憲であるとの論陣を張ったのだと、本気で信じているのであろうか。また、その程度の見解の変更に過ぎないものの前提として行なわれた内閣法制局長官の人事が、あれほどの論議と批判を巻き起こしたことも、単なる一法学者の私的見解の変更と同等の帰結をもたらした、そのきっかけに過ぎないと、本気で信じているのであろうか。

さらにまた、藤田教授の覚え書きが公表されたとき、藁をも掴む思いでそれにすがりついた人々が手にしたのは、結局のところ、単なる一法学者が私的見解を改めるのと同等のことを内閣法制局が行なっただけのことだから、あまり気に病むほどのことはないというアドバイスに過ぎないことになる。何より、すべての解釈論が同等なのだとすると、安保法案は違憲だと考える学者が口を揃えて違憲だと唱えたとしても、そのこと自体を非難したり疑問視したりする理由は藤田教授にはないということになるはずである。

さて、上述のような藤田教授の実定法とその解釈に関する理解が、なぜ受け入れがたいものであるのか、とりわけ実定法とその有権解釈と言われるものとの関係については、極めて不適切であるかを説明すると、以下のようになる（これはすでに、前掲拙著、補章IIで行なった説明の繰り返しとなる点が多い）。

実定法は制定法であれ、判例法であれ、社会の中で果たすべき役割があるからこそ存在し、人々から重視される。その役割とは何であろうか。当然のことではあるが、実定法は法学者が解釈ゲームを競い合う、その素材となるためにこの世に出現したわけではない。

人がいかに行動し、どう生きていくべきかは、各人がそれぞれに判断して決定する、それが少なくとも（魔術の解けた）近代以降の社会の常識である。しかし、実定法はそうした常識に反する主張をする。「各自が自分で判断しないで、私の言う通りにしなさい」と実定法は言う。実定法は自身が「権威（authority）」であると主張すると言われる事象である。なぜそうした主張をする資格があるか、その根拠は何かと言えば、それは「私の言う通りにした方が、あなたが本来すべきことをより良くすることができるからです」ということになる。

自動車を運行するとき、四つ角に差しかかる度に、止まろうか、進もうかと自分自身で判断し、行動するよりも、信号が青であれば進み、赤であれば止まる方が（つまり実定法の言う通りにする方が）、本来すべきこと、つまり自動車を安全にスムーズに運行することがより良くできる。世の中で実定法が果たしている核心的役割はここにある。つまり、自分で考えるのではなく、法の定める通りに行動するよう、人々の実践的判断を誘導し、変更する点にある。

実定法がこうした役割を果たすためには、実定法のテキストは読んで直ちにその意味が理解できるものでなければならない。テキストにはたしかにこう書いてあるが、これでは具体的場面でどう行動すればいいのか分からないというテキストでは、結局のところ、どう行動すべきかは各人がそれぞれ判断しなければならないことになる。法が法としての役割、権威としての役割を果たしていない。

しかし、そうした残念な実定法は少なからずある。テキストの意味内容が漠然としすぎているとか、複数のテキストが相互に矛盾・抵触しているとか、テキストの意味は明確なのだが、それが到底そのままでは実行できないような良識に反する内容だという場合が典型例である。

そうした場合は、実践理性の本来の姿に戻って、各人がそれぞれ自分で何が最善かを判断し、それに即して行動すればよいのだというのが、一つの割り切り方である。しかしそうしたとき、多くの社会では、本来の実定法であるはずのテキストに代わり「権威」として機能するものとして、「有権解釈（authoritative interpretation）」が登場する。日本における典型は、最高裁判所が行なう憲法の基本権条項に対する解釈である。

憲法の基本権条項のテキストは、それ自体は権威として機能するわけではない。表現の自由はすべて保障すると主張する憲法二一条を何度読んでも、実際のところあらゆる表現活動が自由なのか、それとも実はいろいろな限界があるのかは、分からない。基本権条項の役割は、権威であることにはなく、むしろ、個別の実定法が具体的状況できわめて不適切な解決を指し示すかに見えるとき、あるいは何らかの解決を示すことにそもそも失敗しているとき、その実定法の主張する権威を「違憲無効」として解除する点にある。どのような場合に実定法の権威が違憲とされるのかは、憲法の条文をいくら読んでも多くの場合、分からない。その結論を決めるのは、最高裁の有権解釈である。最高裁の有権解釈に反する法案が提出されれば、それは「違憲」の法案だということになる。

法律の有権解釈についても同様である。判例に反する行動をとれば、違法とされ、サンクションを課される高度のリスクを背負うことになる。制定法の明確な文言に反したときにサンクションを課される蓋然性と、違いがあるとは限らない。判例の解釈も自身の解釈も同等だという前提で行動する人は、思慮の足りない人である。

こうした有権解釈は実定法と同様、人々の実践的判断に置き換わる。各自でそれぞれ何が違憲かを判断するのではなく、最高裁の有権解釈をそのまま受け入れるようにと、最高裁は主張している。もちろん、最高裁の今回の判断は怪しからん、と考える一般市民や学者はいるだろう。しかし、そうした私人の解釈と最高裁の解釈とは、同等の立場にあるわけではない。

憲法典というテキストのあるべき意味内容は何か、という内容の適否を争っている限りでは、私人の解釈も最高裁の解釈も同等かも知れないが、政府関係諸機関を含めて人々の判断に置き換わり、その行動を決める（と主張する）点で、有権解釈は有象無象の解釈とは異なっている。それは自身が「権威」であると少なくとも主張するし、その主張が受け入れられることもしばしばある。

有権解釈は、その内容において適切であることが少なくないであろう。少なくとも、きわめて不適切だと誰もが考えるようなものではないことが。しかし、有権解釈として通用していることと、その内容が適切であることの間には概念必然的なつながりはない。そもそも適切さの判断は人によって異なる。だからこそ、適切さに関する判断と切り離された権威が必要となる（適切さについてつねに客観的な判定が可能だとすれば、「客観的に正しい唯一の解釈」の存在可能性を原理的に否定することはできなくなる）。

そうである以上、現在の有権解釈よりも内容に関してよりましな解釈がありそうだと、その時々の最高裁の構成員が主観的に考えたからと言って、直ちにそれを新たな解釈に変更すべきだということにはならない（言うまでもないことながら、これは自身のした行政処分が誤っていると考えた行政機関が、それを撤回することとは全くレベルを異にする問題である）。先例の拘束性を遡及させるべきか否かについて、最高裁が慎重な考慮をせざるを得ないのも、最高裁の有権解釈が人々の判断に置き換わる権威として現に機能するからである。最高裁が先例を変更することはもちろんある。しかしその場合、なぜそうした変更をすべきかについては、種々の事情を勘案し慎重な衡量を経た上で、十分に説得的な理由が示されるべきことは、最高裁の多くの先例自体がそれを示している。

さて、日本の最高裁はあらゆる法律問題について有権解釈を下すかと言えば、そうではない。テキスト通りに行動するわけにはいかない憲法九条にかかわる問題については、最高裁はきわめて口数が少ない。そうなると、最高裁に代わって有権解釈、権威として機能する解釈を示す機関が必要となる。そうした機関として機能してきたのが、内閣法制局であった。内閣法制局が十分な理由も示すことなく、有権解釈を変更すべきでないのは、それが有権解釈だからである。藤田教授の理解とは異なり、有権解釈が有権解釈である以上、人々は解釈の内容の適否に立ち入ることなく、それを権威として受け入れるべきだと内閣法制局は主張してきたし、今後も主張するはずである。

したがって、藤田教授が今回の論稿の後半部分（三節、四節）で展開された、何が憲法九条の解釈として内容的に適切なのかという論点とそれに関する議論とは、内閣法制局が有権解釈をどのような場合に変更することができるのか、という論点とはレベルを異にしている。むしろレレバントなのは、法意三三頁で指摘されている、内閣法制局による新たな解釈を必要とする事実の欠如や、新たな解釈の内容の不明確性により、それがそもそも「有権解釈」としての役割を果たし得ていないのではないかという諸論点である。有権解釈を変更する真っ当な理由が提示されておらず、かつ、新たな解釈が有権解釈としての役割を果たしていないのであれば、九条に関わる法案の合憲性は、変更以前の有権解釈に即して判断されるべきである。何の不思議もない。

藤田教授の考える「解釈」は、以上で描いてきたような、「権威」として機能する解釈とは全く異なっているようである。一見したところ、藤田教授は、あらゆる法規範はそれを理解する必要があり（それはその通り）、そして、およそ法規範のあらゆる理解は、「解釈」であり、したがって実定法の執行は、必ず当該実定法の解釈を前提としていると主張しておられるかのようである（これは間違っている。ハンス・ケルゼンは解釈について、そうした間違った理解をしていた（たとえば『純粋法学〔第二版〕』長尾龍一訳（岩波書店、二〇一四）第四五節））。

「解釈」という概念のこうした理解は、以上で描いてきたような法や解釈の役割に関する現代の法理論の標準的な立場と両立しない。現代の法理論の標準的な立場は、前掲拙著補章IIでも述べたように、ジョゼフ・ラズやアンドレイ・マルモア等、英米圏の法実証主義者によって展開され、広く受け入れられている。こうした現代の法実証主義陣営の理論は、現代の世界各国の法律家共同体において、実定法とその解釈とがどのような役割を果たしているかに関する事実認識に立脚している。そして、彼らが立脚する事実認識は、現代の日本社会においても妥当していると、筆者は考える。藤田教授が描くような、多様な解釈が平等に競い合う百家争鳴の状況は、実定法もその解釈も、社会から求められる核心的な役割を果たし得ていない、そして政府諸機関も一般市民も行動の指針を得ることのできない、病理的な状況である。

多くの法学者が自説こそが「適切な解釈」であると主張して競い合うことは、それ自体が目的であるわけではない（そのように見える法学者がときに存在することを否定するつもりはないが）。解釈学説の本来の役割は、実定法が権威として人々の行動を方向づける役割を果たし得ない状況において、実定法に代わって人々の行動を方向づける指針を提供することにある。それが解釈学説の果たすべき本来の役割であり、競い合うことが自己目的ではない。

第二に、これはより深刻な問題であるが、実定法に限らず、およそテキストのあらゆる理解は「解釈」として受けられるべきだという主張は、あらゆるテキストの理解を無限後退に陥らせ、その理解を不可能とする。解釈とは、あるテキストを別のテキストに置き換える作業である。あるテキストを理解するために、それを必ず別のテキストに置き換える必要があるとすると、その別のテキストを理解するためにも、それをさらに別のテキストに置き換える必要がある。この作業は無限に続く。法の解釈は、解釈抜きで成り立つ理解が存在する（それがむしろテキストの理解なるものの通常の姿である）ことを前提とする例外的な活動であり、そうした活動でしかあり得ない。

この点は、前掲拙著の第一五章でも指摘している。つまり、藤田教授が受け入れているかに見える制定法とその解釈に関する理解は、およそ首尾一貫した理解として成立し得ない。かりに現代日本の法律家共同体の多くのメンバーが、藤田教授のような理解を共有しているのだとしても（筆者はそれを強く疑っているが）、それはそもそも筋の通ったものとして成り立ち得ない、誤った理解が共有されているだけのことである。誤った理解は、正されるべきである。解釈に関する誤った理解に基づいて、法の役割に関する適切な理解を得ることはできない。

7 八月革命の「革命」性

宮沢俊義が提唱した八月革命説は、日本国憲法の前文冒頭の言明である「日本国民は……ここに主権が国民に存することを宣言し、この憲法を確定する」と、憲法に先立つ天皇の上諭である「朕は……枢密顧問の諮詢及び帝国憲法第七三条による帝国議会の議決を経た帝国憲法の改正を裁可し、ここにこれを公布せしめる」との間にある亀裂から出発する。

上諭は、新憲法が大日本帝国憲法の「改正」として成立したことを宣言している。その帝国憲法は天皇に主権があることを根本原理としていた。ところが、新憲法は、前文で主権が国民に存することを「宣言」している。憲法の根本原理を「改正」することができるものであろうか。また、上諭はあくまで天皇が旧憲法の手続に従って憲法を改正した結果を公布するとしているのに対し、前文は、国民が「この憲法を確定する」と述べている。憲法制定権力は、天皇と国民のいずれにあるのだろうか。

八月革命説は、こうした疑問を解消してくれる（と主張する）。実は、主権＝憲法制定権力は、日本政府がポツダム宣言を受諾した一九四五年八月一四日に、天皇から国民へと移行した。こうした移行を法的に筋が通った形で説明することは不可能である。主権者たる天皇が「これからは国民主権だということにしよう」と決めたから、主権が国民に移ったのだとすると、天皇が考え直せば、主権はまた天皇に逆戻りすることになる。そんなことは、ありそうもない。つまりこの主権の移行は、法的な意味の革命である。憲法の根本原理が不可逆的に変動したのだ。

この時点で、大日本帝国憲法の内容も、劇的に変容した。国民主権原理と矛盾・抵触する部分は、その効力を失った。したがって、日本国憲法の上諭を述べている天皇は、もはや主権者としての天皇ではない。国民主権に立脚する憲法によって権限を与えられた、単なる国家機関としての天皇である。そして、劇的な変容を被った旧憲法と現憲法とは、法的に連続している。国民主権原理に基づく変容後の旧憲法の「改正」として、現憲法は成立している。そこに不思議はない。

目からうろこが落ちるような見事な論理である。たいていの人は（私もそうだったが）納得してしまう。その後は、この学説の身分は何か、それは認識なのか解釈論なのか。さらに、この学説の前提は何か、国際法優位説が前提なのか等々の議論が続いている。

とはいえ、八月革命説が隅から隅まで納得のいく議論かと言うと、そうでもないだろう。たとえば、そこで問題とされている「主権」とは何だろうか。

宮沢も含めて、彼以降の憲法の教科書では、主権には三種の意味があると説明されている。第一に、国家権力の最高性・独立性という意味。第二に、国家権力（統治権）という意味。第三に、国の政治のあり方を最終的に決定する権威または力、という意味で使われることがある。国民主権か君主主権かが問われるときは、第三の意味で主権ということばが使われているとされる（宮

沢俊義『憲法』〔改訂五版一〇刷〕（有斐閣、一九八〇）七—八頁）。

こうした主権ということばの用法の説明は、美濃部達吉に遡ることができる。『憲法撮要』〔改訂五版〕（有斐閣、一九三二）四一頁以下で美濃部は、「第一の意義に於ては主権は最高又は独立の意に用いらる」、「第二の意義に於ては主権は国家の意思力の意に用いらる」、「第三の意義に於ては主権は統治権の意に用いらる」、「第四の意義に於ては国家の最高機関意思の意に用いらる」とする（漢字・かなの旧字体を改めている）。

現在の憲法学で言われている主権の第三の意味は、美濃部の言う第四の「最高機関意思」に対応するように見える（美濃部の言う第二の意義は、現在の憲法学界ではほとんど議論されることがない）。美濃部によると、「君主又は国民が主権を有すと曰ふは国家内に於て国家の意思を決定すべき最高の原動力が君主又は国民に発することを意味す」。そして、この最高の機関意思は、必ずしも単一の機関から発するとは限らない。「二以上の機関意思が相結合して始めて国家の最高意思を構成するものとするも、敢て国家意思の統一を妨ぐるものに非ず」（『憲法撮要』四四頁）とされる。

さて、国民主権とか君主主権とかと言われるときの主権が、美濃部の言う最高機関意思なのであれば、その所在の変更は、必ずしも法的に説明のつかない変動、つまり法的革命を意味しない。美濃部が例として挙げる、複数の機関の結合によって最高意思が構成される場合を考えてみよう。現在の日本国憲法九六条によると、憲法改正は、衆参両院と有権者団の意思が結合した合同行為としてなされる。この構成に変動があったとしよう。たとえば（考えにくいことではあるが）

衆参それぞれの総議員の三分の二の賛成だけで憲法が改正されることになったとすれば、最高意思機関の構成は変動する。しかし、これは革命であろうか。また、フランス第五共和政憲法のように、上下両院の決議と両院合同会議の決議を通じて憲法改正がなされる場合と、上下両院の決議と国民投票とで憲法改正がなされる場合という、二つの改正手続を想定している憲法がある（同憲法八九条）。この場合、いずれの手続がとられるかによって、最高意思機関の構成が変動することになるが、その度に革命が起こっているわけではないであろう。

こうした観察は、誤った前提に基づいているのだろうか。つまり、憲法改正機関は、国家の最高意思決定機関ではないのだろうか。最高法規である憲法の内容を変動させることのできる改正機関は、いかにも最高機関のように思えるのだが、今も見たように、その構成内容が変動したからといって、革命が発生したとは言いにくいようである。

とすると、八月革命説の言う「主権」とは、実は「最高機関意思」、つまり国政のあり方を最終的に決定する権威という意味のそれではないのだろうか。あるいは（言い方を変えるなら）「国政のあり方を最終的に決定する」と言われるとき、それは、美濃部憲法学の枠内における「国家内に於て国家の意思を決定すべき最高の原動力」とは、同じように見えながら質的に異なっているのだろうか。

美濃部は、主権ということばが「種々の意義に混用」され、そのために「多くの誤解の源」となってきたことに注意を促している（『憲法撮要』四三頁）。その典型例は、「主権を以て君主の統治の権能の意に解し、君主が無制限なる統治の権能を有するもの」とする「甚しき誤謬」である（『憲法撮要』四四頁）。そもそも、国家の統治権自体、さまざまな制限に服していて無制限ではない。しかも、君主に属するのはせいぜい国の最高機関として意思を表明する権限にすぎず、国家の統治権そのものではない。君主が無制限な統治の権能を有するという言明は、二重の意味で誤謬である。

ここで美濃部が誤謬だと言っているのは、実は大日本帝国憲法四条に示された天皇主権原理である。ヨーロッパで君主制原理（monarchisches Prinzip）と言われていたものを井上毅が憲法の条文に採り入れたものである（この点については、さしあたり拙著『憲法の論理』（有斐閣、二〇一七）第一四章参照）。全統治権は、本来的に君主（天皇）が掌握している。しかし、その統治権を君主が行使するにあたっては、君主自らが定めた憲法の条項に従うという考え方である。四条は「天皇は国の元首にして統治権を総攬し此の憲法の条規に依り之を行ふ」とする。憲法典以前に、それに先立って、統治権を掌握する君主が存在する。その君主が定めたものであるから、明治憲法は日本の憲法典たり得る。憲法制定権力は本来的に天皇に帰属し、帰属し続ける。

この四条の条文およびその背後に控える君主制原理（天皇主権原理）を額面通りに受け取れば、天皇に属するのは統治権そのものであって、最高機関意思にはとどまらない。だとすると、美濃部の主張は誤りではないか。「或は曰く、我が憲法は大日本帝国は天皇之を統治すと定む、天皇が統治権を保有することは憲法の明に定むる所なり」（『憲法撮要』一二三頁）というわけである。しかし美濃部は怯まない。「法律学上の観念としては、国家は一の法人」（『憲法撮要』一二頁）という国家法人理論なくしては、国家の法的把握はそもそも不可能だからである。「憲法の文字に依りて国家の本質に関する学問上の観念を求めんとするが如きは憲法の本義を解せざるものなり」（『憲法撮要』二三頁）と断言して憚らない。

美濃部の立場からすれば、統治権を有するのは国家という団体（法人）である。天皇も議会と同様、団体の定款にあたる憲法によって与えられた権限のみを行使し得る機関にすぎない。せいぜいのところ、最高機関だというだけである。法主体たる国家とその機関の関係や機関相互の関係、つまり国家法人理論に還元して理解することのできない概念や条文は、それがたとえ憲法典に現れたとしても、「政治的」なものにすぎない（「政治的」ということばは「法学と関わりのない」という侮蔑的な意味合いで使われている）。

さて、国家法人理論は、戦後の憲法学界では、概して評判がよくない。それは、「君主主権か国民主権かという近代憲法が直面した本質的問題を回避しようとした。それは急激な民主化を好まない一九世紀ドイツの立憲君主制に見合った理論であった」とされ（芦部信喜『憲法』〔第七版〕高橋和之補訂（岩波書店、二〇一九）四一頁）、今ではその歴史的使命を終えたかのように描かれる。

国家法人理論が、主権の帰属に関する本質的問題を回避しようとした過渡期におけるイデオロギーにすぎないという否定的評価は、美濃部の学説を日本の国体に反するとして攻撃した上杉慎吉も、これを共有していた。上杉によれば、国家法人説がドイツで発達した理由は、「国王の統治権者なることを否定するも、人民が主権者なりと断言することを得ざる種々の事情あり、憲法は尚ほ国王を統治権の負担者なり、国権を一身に集結すと云ひ、尚ほ之を主権者と称すること行はる」。「されは国家法人説は、積極的に国家なる法人ありとするよりも、寧ろ消極的に国王の最早や統治権者に非さることを説明せんとするの学説たるに過きす」というわけである（上杉愼吉『新稿憲法述義』〔増補改訂〕（有斐閣、一九二五）一〇五―〇七頁）。

天皇から国民へと主権が革命的に移行したと言われるとき、そこでの主権は、憲法典以前の存在として憲法を制定する権力を保有する（つまり全統治権を本来的に掌握する）者が誰かが変動したということである。そうした変動が起こったからこその革命である。しかしそこで言われている主権は、美濃部の言う「最高機関意思」とは別ものである。国家内部の最高機関の構成や所在が変化したというわけではない。そして、美濃部に言わせれば、こうした「主権」概念の使い方は、法学的に言えば甚だしい誤謬であり、「政治的」意味合いのみを有する。近代ドイツ公法理論の祖であるゲルバーも、「君主主権、人民主権、国民主権といったことばは、多様な政治運動のスローガンにすぎない」と述べる（Carl Friedrich von Gerber, *Grundzüge des deutschen Staatsrechts*, 3rd ed. (Bernhard Tauchnitz, 1880), p. 22, note 5)。少なくとも、美濃部の言い回しに即して主権者の変動を描くことには、注意が必要だということになる。

他方で、宮沢は国家法人理論を放棄したわけではない。彼は国家法人理論が持つ意義を、法的なそれと政治的なそれに区分する。政治的な意義は、上杉も指摘し、現在の憲法学説が広く共有するかつてのイデオロギー的な意義である。それとは別に法的意義がある。とくに本質概念として法人格、「法規範の統一的複合体」としての法秩序を省略的に示す意味での法人格は、国家に「概念必然的に伴う」（『憲法』四頁）。いかにもケルゼニアン流の説明ではあるが、そこで述べられている限りでの議論の実質は、美濃部とも、そして美濃部に強い影響を与えたゲオルク・イェリネクの学説とも共通している（もっとも、イェリネクや美濃部と異なり、宮澤＝ケルゼンの法人イメージでは、国家目的論がくり抜かれているが）。国家法人理論の視点からすれば、国家の誕生は法学的な問題ではない。歴史学か政治学かはともかく、法律学以外の学問が扱うべき問題である（この点については、さしあたり、前掲拙著一八四―八五頁参照）。

宮沢の提唱する八月革命説は法学理論なのか、それとも法学外の政治的意味合いを持つにとどまるものであろうか。

8　内閣による自由な解散権？

日本国憲法は議院内閣制を採用しているが、議院内閣制の下では必ず、行政権に自由な議会解散権があるわけではない。ドイツ基本法に典型的に見られるように、二〇世紀後半に進展した「議院内閣制の合理化」の一環として、憲法典によって解散権の行使を厳しく制約する国も多い。ドイツ基本法六八条によれば、連邦宰相の在任中に連邦議会が解散されるのは、連邦宰相を信任する動議が連邦議会議員の過半数の同意を得られないときに限られ、しかも連邦議会議員の過半数で新たな連邦宰相が選挙されたときは、この解散権は消滅する。戦後のドイツでは、連邦議会の解散は三度しか行なわれていない。

また、議院内閣制の母国であり、その典型例とされるイギリスでは、二〇一一年九月一五日成立した立法期固定法（The Fixed-term Parliaments Act 2011）により、次の選挙の期日を二〇一五年五月七日と定めるとともに、その後の総選挙は、直近の総選挙から五年目の五月の最初の木曜日に施行することとした（同法一条）。ただし、庶民院が総議員の三分の二以上の多数で総選挙が行なわれるべきことを議決したとき、および、庶民院が政府不信任案を可決し、その後一四日以内に新たな政府に対する信任案が可決されなかったときも総選挙が施行される（二条）。

もともと議会の解散が稀なフランスでは、政府与党が自らにとって最も有利な時期に総選挙を施行する、党利に基づく解散権の行使は、「イギリス流の解散（dissolution anglaise）」と否定的に語られる。シラク大統領が一九九七年に行なった解散がフランスではじめての「イギリス流の解散」とされるが、シラク大統領の与党はご都合主義だとの批判の逆風にあおられて総選挙で敗北し、ジョスパン氏の率いる社会党との保革共存を余儀なくされた。

さらに、ノルウェーのように、議院内閣制の国であると目されながら、そもそも議会の解散制度が存在しない国さえある。

議院内閣制である以上は、内閣あるいは首相が自由に議会を解散できるという主張は、ますます説得力を失いつつある。そうした主張が堂々と臆面もなくなされ、疑われることもない日本は、主要先進国の中ではむしろ例外的な存在である。

議会の解散権を限定すると、重要な政治問題について有権者の意思を国政に反映する機会が失われるのではないかとの疑問があり得よう。しかし、争点を絞って諮問的レファレンダムを施行することも可能である。また、政治状況に照らして議会の解散が必要と判断されれば、その前提となる議会の議決を引き出すこともできないわけではない。

解散権の行使がきわめて限定されているドイツでは、ヘルムート・コール内閣の下で一九八二年一二月、与党が欠席戦術を取ることで内閣への信任決議案を連邦議会が否決し、解散・総選挙が施行された。この解散の合憲性を審査した憲法裁判所は、連邦議会に存在する政治勢力が引き続き政権を担当することが保障されない状況においては、解散を意図して政府が信任決議案を提出することも認められるとしている。

また、二〇〇五年六月、政権運営に行き詰まったシュレーダー首相は、やはり連邦議会の解散を意図して信任決議案を提出し、与党議員の多くが棄権したために同決議案は否決され、解散・総選挙が行なわれている。この解散の合憲性を審査した憲法裁判所は、議会における危機を脱するために、解散を意図して政府が信任決議案を提出することも認められるとしている。

イギリスのテリーザ・メイ首相は、二〇一七年四月に下院を解散したが、これは二〇一六年六月の国民投票でEU離脱の結論が出たことを背景に、ブレグジット遂行を標榜する首相が国民に真を問おうとしたもので、野党の労働党もこれを受けて立ち、三分の二の特別多数の議決によって総選挙が施行された。立法期固定法によって原則解散を認めない制度の下でも、重大な国政上の論点について民意を問う必要があるときは、総選挙を施行し得ることを示している（結果として、メイ氏の率いる保守党は議席を減らして過半数割れした）。

日本政府の有権解釈によると、衆議院の解散権は、天皇の国事行為について定める憲法七条を根拠として国事行為の助言と承認を行なう内閣に帰属する（一九八五年一二月二七日参議院提出の政府答弁書、一九八六年三月二八日茂串内閣法制局長官答弁等）。学説上も有力に支持されているいわゆる七条説であるが（たとえば、芦部信喜『憲法』第七版（岩波書店、二〇一九）五〇頁）、この議論の妥当性には疑義があると言わざるを得ない。

七条説は、衆議院の解散権は本来的に天皇に帰属しているが、そのうち実質的な権限は内閣の助言と承認という手続を通じて内閣に移行し、天皇は残る名目的・形式的な権限のみを保有するという考え方である。

しかしながら、本来的に天皇がすべての統治権を掌握し、その行使についてのみ、天皇自らが定めた憲法の条規に従う（天皇主権原理）とされていた大日本帝国憲法の下であればいざ知らず、統治権は本来的に国民に帰属しており、国家機関は、憲法によって与えられた権限のみを行使し得るとの考え方をとる日本国憲法の下では、天皇に衆議院の解散権が本来的に帰属するという出発点がそもそも成り立たない（この点については、拙著『憲法の論理』（有斐閣、二〇一七）第一四章参照）。憲法四条一項は、天皇が「国政に関する権能を有しない」旨を明示している。つまり、七条説は、天皇主権原理に立脚する大日本帝国憲法下でのみ成り立ち得る議論を、国民主権原理に立脚する現憲法に移植しようとするもので、議論の出発点に無理があると言わざるを得ない。

しかも七条説は、内閣の解散決定権の根拠は七条にあるというだけで、内閣に「自由な」解散権——つまり、憲法六九条所定の内閣信任決議案の否決、または内閣不信任決議案の可決の場合に限らず、内閣がいつでも衆議院の解散を決定できるという結論を直接に導くものではない。そうした結論を基礎付けようとすれば、結局は、重要な政治問題について有権者の意思を改めて問う必要があるときに、随時、解散できるようにした方が民主政治の理念に照らして望ましい、という前述の論拠に頼らざるを得ない。ところが、近年の実例を見ても分かる通り、政府・与党にとって最も有利な時期を選んで総選挙を実施することのみが本当の、しかもあからさまな動機で、有権者の意思を問うべきだとされる争点は、全くのところ取って付けたようなうわべのお飾り、という体たらくでは、この論拠の薄弱さがかえって浮き彫りになっていると言わざるを得ない。衆議院議員の選挙制度が、比例代表に近い結果を生み出す中選挙区制から、各党の得票数と獲得議席数の比にゆがみをもたらす小選挙区制主体の制度へと変更されたことは、内閣の「自由な」解散権の問題をさらに強めている。かりに内閣を信任しない旨の衆議院の意思が明確となった場合に限って解散を決定できることとしても、重要な争点について有権者の意思を反映する途が閉ざされるわけではないことは、前述の通りである。

なお巷では、衆議院の解散は「首相の専権」であるという俗説が聞かれることがあるが、政府の有権解釈は、さきに見たように解散権は内閣に帰属するとしており、首相の専権という主張は誤りである。学説の中にも、首相に決定権があるというものは見られない。閣僚の中に解散に反対する者がいれば、その閣僚を罷免して閣議決定をする必要があることは、二〇〇五年に小泉内閣の行なった郵政解散の先例——解散に反対する島村農水相を罷免して閣議決定がされた——からも明らかである。決定権はあくまで内閣にある。「首相の専権」という言い方は、誤っているだけではなく、首相の恣意的な解散権行使にも「仕方のないこと」として黙従する傾向を助長する。マイナスの効果が大きい。

内閣による解散権の行使を限定する、とくに政府・与党にとって有利な時機に総選挙を施行するという党派的利益に即した解散を禁止するには、どうすればよいか。上策は憲法を改正してその旨の条文を加えることであるが、現憲法の要請する硬い手続を経てそうした改正が成立するまでは、かなりの時間と労力を要することが予想される。下策は、解散権の行使を制約する憲法慣行の成立を期待することであるが、これでは百年河清を待つことになりかねない。中策は、内閣による解散権の行使を制約する法律を国会が制定することである。憲法上、政府や首相に与えられた権限を法律で制約している例は、内閣法等にしばしば見られる。

下級審の裁判例ではあるが、一九八七年三月二五日の名古屋高裁判決（判時一二三四号三八頁）は、衆参同日選挙を禁止するか否かは立法政策の問題であるとし、同日選挙を禁止すべく、解散権を制約する立法を行なうことも、立法府において自由になし得るとしている。イギリスと同様に、総選挙の期日を公職選挙法で固定することも可能だということである。

とはいえ、法律で解散権の行使を限定しただけでは心許ない、やはり憲法を改正して解散権の行使を拘束すべきだという議論も、当然あり得るであろう。現憲法は、決して一字一句動かすべきではないというものではない。変える必要があるのであれば、当然、改正を論議すべきである。変えても何の役にも立たない、かえって日本の将来のためにならないという改憲論議をすべきでない、という話とは、全く別の問題である。

9 陸海空軍その他の戦力は、これを保持しない

日本国憲法九条二項は、政府が「陸海空軍その他の戦力」を保持することを禁じている。この条文に照らして、自衛隊は憲法違反であると主張する人がいる。最初にお断りしておくと、いわゆる安保法制が可能とした集団的自衛権の部分的行使が憲法違反であるか否かと、この問題は別である。九条二項に照らして自衛隊は憲法違反だと主張する人は、自衛隊による武力の行使が個別的自衛権——日本が直接に攻撃されたとき、それに対処するため必要最小限で武力を行使する権利——に限られているとしても、なお憲法違反だと主張する人である。

ここには、二つのレベルの異なる論点がある。言語哲学のジャーゴンでいうと、意味論上の論点と語用論上の論点である。

意味論上の論点は、「戦力」という概念は当然に、あるいは少なくともその核心的な意味において、自衛隊を含むのか、という論点である。他方、語用論上の論点は、かりに自衛隊が「戦力」という概念に含まれるとしても、結論として自衛隊の保持は憲法違反といえるのか、という論点である。

戦力ということばは、いろいろに理解できることばである。歴代の政府は、このことばを「戦

争遂行能力」として理解してきた。war potentialという条文の英訳（総司令部の用意した草案でも同じ）に対応する理解である。九条一項は、明示的に「戦争」と「武力の行使」を区別している。「戦争遂行能力」は「戦争」を遂行する能力であり、「武力の行使」を行なう能力のすべてをおうわけではない。そして、自衛隊に戦争を遂行する能力はない。あるのは、日本が直接に攻撃されたとき、必要最小限の範囲内でそれに対処するため、武力を行使する能力だけで、それは「戦力」ではない、というわけである。

これに対しては、「戦争」もいろいろだという異論があり得る。二度の世界大戦は明らかに「戦争」である。しかし、より当事者も地域も限られたフォークランド紛争や六日戦争も「戦争」と呼ばれることがある。「交通戦争」や「ブタ戦争」のような明らかに比喩的な意味のみで用いられている事象を除いたとしても、武器をもって複数当事者が戦う紛争であれば、小規模なものであっても「戦争」と呼ぶのはおかしいとまではいいにくい。そうなると、ピストルで武装する警察組織も「戦力」なのであろうか。警察は違うとして、沿岸警備にあたる海上保安庁は違うのか。海上保安庁が沿岸警備のために必要だとして、小型の艦対艦ミサイルや艦対空ミサイルを備えたらどうなるのか。

ここにあるのは、いわゆる「山のパラドックス（paradox of the heap）」である。落ち葉が何枚集まると「山」になるだろうか。一枚の落ち葉では山ではない。二枚でもそうではないだろう。N枚のとき、まだ山ではないとすると、N＋一枚になったとき、途端に山になるとは考えにくい。

となると、いつまでたっても山にはならないのか。そんなはずはないのだが、しかし、どこで山になったかを見分けることは、そう簡単ではない。自衛隊が「戦力」であるか否かを見分けることも同様である。歴代の政府の理解が、あり得ないおかしな理解だというわけではない。自衛隊が九条二項にいう「戦力」に当然にあたるという結論は、当然の結論ではない。

かりに自衛隊が、九条二項にいう「戦力」にあたるのだとしよう。となると、自衛隊を組織し、維持することは憲法違反なのか、というのが、次の語用論上の問題である。いいかえると、九条の「解釈」の問題となる。

そんなことは考えるまでもない。当然に憲法違反だと答える人もいそうであるが、ことはそう簡単ではない。

法哲学者のH・L・A・ハートが提起した事例問題として、ある公営の公園について「この公園への車の立ち入りを禁ずる」という条例があるとしよう、というものがある（『法の概念』第VII章第一節）。ところがある日、公園内で心筋梗塞を起こした人がいて、救急車が呼ばれた。救急車は、その名の通り、意味論上はどう見ても「車」である。となると、病人を助けるために公園に立ち入ることは許されないのか。

いろいろな答え方がある。立ち入ることはできないのだというのも一つの答え方だが、これはあまりにも非常識であろう。病人の命はどうなるのか。となると、上記の条例は、通常の状況の下でのみ妥当するものであって、緊急時は別であるとか、上記の条例は、自動車一般には当てはまるが、警察車両や救急車のような緊急時に対応すべき車両がその任務を遂行するために立ち入るときは、当てはまらないという答え方が考えられる。良識にかなった具体的結論が導かれるよう、条例の趣旨や目的に照らし、対立する諸利益を勘案しながら条文を「解釈」するわけである。

同じことは、自衛隊が九条二項にいう「戦力」にあたるとしても、同じように生ずる。日本に対する直接の武力攻撃が行なわれたとき、それに対処すべき実力組織が全く存在しないという状態で、何が起こるだろうか。それでも構わないのだというのも一つの答え方ではある。しかし、国民の生命・財産はどうなるのか。われわれの暮らし、われわれの社会のあり方が破壊されようとしているのに、全くそれに対処しないのか。アメリカの有名な裁判官であるロバート・ジャクソンのことばに、「憲法は集団自決の誓約書（suicide pact）ではない」、というものがある。集団自決の誓約書であるかのように、憲法の条文を理解すべきではないという指摘である。それは馬鹿げている。

そうなると、九条二項の解釈が必要となる。日本に対する直接の武力攻撃が行なわれたとき、それに必要最小限の範囲内で武力を行使して対処するための組織――個別的自衛権を行使するための組織――は、やはり保持することが許されるという結論が、解釈の結果として従来、維持されてきた。

日本国憲法の起草と審議にかかわった人たちが、当時からそうした解釈をとっていたことは、多くの資料で確認することができる。憲法の公布と同じく一九四六年一一月三日に政府によって刊行された『新憲法の解説』（現在では、高見勝利編『あたらしい憲法のはなし 他二篇』（岩波現代文庫、二〇一三）所収）は、九条に関する箇所で、将来、日本が占領状態を脱し、国連に加盟したときは、当然に自衛権は行使できると指摘している。内閣法制局が当時からそうした立場をとっていたことは、たとえば、佐藤達夫『日本国憲法誕生記』（中公文庫、一九九九）一二六頁以下でも、説明されている。

他方、自衛隊は憲法違反だと主張する人々は、自衛隊は当然に九条二項にいう「戦力」にあたると主張するだけでなく、解釈論のレベルでも、自衛隊を組織・保持すべきではないと主張する人々である。つまり、九条二項は、集団自決の誓約書として理解すべきことになる。そうした結論を正当化する根拠はあるだろうか。憲法の条文が根拠だという主張は意味をなさない。なぜ、その条文からそうした結論を導き出すことが正当化されるのか、その理由を訊いているのだから。

かりにそうした理由があり得るとすれば、それは、ただただ敵に殺害され、傷つけられ、財産を奪われること、何の効果的な抵抗もしないことが、人としての「正しい生き方（あるいは死に方）」だから、という理由でしかあり得ないであろう。そうした立場はたしかにあり得る。新約聖書でイエス・キリストは、「右の頬を打たれたら、左の頬を向けよ」「あなたたちの敵を愛せ」と教えている（マタイによる福音書 5:38–44）。

しかし、この立場をすべての国民に押し付けることは、特定の価値観・世界観をそれを共有しない人々にも押し付けることである。それは、多様な価値観・世界観の存在を認めた上で、それらの公平な共存を目指す近代立憲主義と真っ向から衝突する。

イエスの上述の教えについて、マルティン・ルターは、現世でそのまま実行することに反対している。イエスの教えは真のキリスト者についてのみ当てはまる教えである。しかし、この世に真のキリスト者はきわめてわずかである。大多数は悪人である。狼と羊を共存させれば、羊は平和を守るであろうが、遠からず死に絶えるだろうと、彼は予測する（『現世の主権について』（岩波文庫、一九五四））。どうしても殺されたい、という人はいるかも知れない。しかし、人を巻き添えにするべきではない。

以上のような議論は、「解釈」に関する理論、つまり「解釈理論」のレベルでは、どのように説明することになるだろうか。

現代の主要な法哲学者の一人に、ロナルド・ドゥオーキンがいる。彼は、主著『法の帝国』において、法を理解することは、つねに法を解釈することを前提とすると主張した。筆者はこの主張は、首尾一貫した議論として成り立ち得ないもので、賛成できないと考えている。上述の意味論上の論点と語用論上の論点の順序からも分かるように、法の理解こそが法解釈の前提であって、その逆ではない（この点については、拙著『法とは何か――法思想史入門』〔増補新版〕（河出書房新社、二〇一五）第八章参照）。ただ、その点はさて措くとして、かりにドゥオーキンの立論に従うなら、論点は次のように整理できる。

ある法律問題を解決しよう、答えを出そうとしている人がいる。彼の目の前には、関連する法令の条文、数々の先例や実例がある。しかし、これはまだ「解釈前」の状態である。彼は、そうした条文や先例・実例と可能な限り整合し、しかも全体として説得力に富む、道徳的に正当化し得る解釈を構成する必要がある。そして、この解釈をもとに、具体の問題に回答を与える。

つまり、ドゥオーキンの立場からすると、斯く斯く然々の条文があるというのは、解釈の素材がそこにある、という出発点を示すにすぎない。最終的には、もっとも説得力があり道徳的に正当化できる結論を導き出す必要がある。しかし、自衛隊が憲法違反でその組織も保持も許されないという結論は、道徳的に正当化可能であるとも説得力に富むとも言い難い。九条二項を集団自決の誓約書として理解すべきだというのだから。ドゥオーキンの解釈理論からすると、自衛隊が憲法違反という結論は維持し難いであろう。

ドゥオーキンの生前、その論敵であったジョゼフ・ラズの立場からすると、どうなるだろうか。ラズの議論の出発点にあるのは、「法の権威」に関する標準的な理解である。そもそも、人はいかに生きるか、いかに行動するかを自分で判断し、自ら行動するものである。しかし、法は「自分で判断しないで、私のいう通りにしなさい」と主張する。なぜなら、「そうした方が、あなたが本来とるべき行動を、よりよくとることになるから」というわけである。

自動車を運転して四つ角にくる度に、止まろうか、そのまま進もうか、と考えるのではなく、信号が赤であれば止まり、青であればそのまま進むようにした方が、本来あなたがとるべき行動——スムーズに、かつ安全に自動車を運行する——をよりよくとることができる。

いいかえれば、法はわれわれの実践的判断の補助手段である。一々自分で改めて考えなくても、とるべき行動を指示してくれる、だからこそ法には従うべき理由がある。

九条二項は自衛隊の保持を禁止している、だから保持すべきではない、という結論がかりに同項の示す確定的な結論だとして、そうした結論をとることは、われわれが本来とるべき行動をよりよくとることになるのだろうか。そうだという人もひょっとするといるかも知れないが、筆者にはそうは思えない。非常識でもあるし、近代立憲主義の理念にも反する。それは本来とるべき行動ではない、という人がむしろ大多数であろう。

そうだとすると、かりに九条二項が自衛隊の保持を確定的に禁止しているとしても、そうした結論には従うべきではないということになる。それでもなお従う、というのは、スピノザの言い回しを使うなら、紙とインクに対する物神崇拝である。法である以上はナチスの法にも従うべきだとはいえないように、従うべきでない法に従うべきではない。法に従うべきではないのであれば、いかに行動するかは、自ら判断するという本来の原則に戻ることになる。

ただし、憲法の名宛人は、個々の市民ではなく、国会を含めた政府の諸機関である。憲法が頼りにならない、政府の諸機関がそれぞれ自分で判断するということになると、憲法によって政治権力を拘束するという、最低限の意味での立憲主義が失われることになりかねない。

となると、憲法の条文がそうした確定的結論を示しているという前提を疑ってかかる必要がある。そうした前提に代わって、政府諸機関が従うべき指針を設定する必要がある。つまり、九条二項の趣旨・目的に沿った、しかも対立する諸利益を勘案した適切な結論を導き出す条文の解釈が必要となる。有権解釈である。英語に直すと authoritative interpretation である。政府諸機関が「権威（authority）」として従うべき指針が示される。歴代の政府が示した有権解釈は、九条は、個別的自衛権を行使する能力を備えた組織、つまり自衛隊を保持することは、禁止していないというものであった。九条二項は、自衛隊の保持を確定的に禁止するルールとしての意味は持たない。平和を希求する日本の国是に照らしつつ、国民の生命・財産・生活を守るための実力の行使およびそのための組織を最小限に抑止する原理として理解すべきである。

九条がありながら自衛隊を保持することには矛盾があるので、九条の条文を変えるべきだという議論がある。以上で示してきた通り、その必要はないというのが結論である。九条を適切に「解釈」することで、自衛隊を保持することは、十分に正当化できる。保持すべきでないという結論は、特定の価値観に基づく集団自決の誓約書として憲法を理解すべきでという主張である。良識よりはむしろ、自説に対する確信に満ちあふれて周りが見えなくなった人のみがなし得るヘンな主張である。

かりに九条の条文を変えたとしよう。何が起こるであろうか。今まで、政府が積み重ねてきた有権解釈は、現在の九条の条文を土台としている。条文が変更されると、今までの解釈の土台がひっくり返る。従来の解釈は一ミリたりとも変わらないと言い張る政治家の方もおいでのようだが——しかも、そこでいう「従来の解釈」は、集団的自衛権の行使をも容認する新奇な解釈である——そんな保証は一ミリたりともないといわざるを得ない。現在の九条一項二項をそのままにして、新たな条文を付け加えたとしても、同じことである。法学の世界では、「後法は前法に優先する」。後から付け加わった条文は、前からの条文を、上書きすることになる。騙されてはいけない。ペテン師やフェイク・ニュースは世に満ちあふれている。

自衛隊の保持が違憲ではないとしても、自衛隊の存在が憲法に書き込まれていないことには、重要な意義があった。九条の存在にもかかわらず、なぜ自衛隊を組織・保持することができるのか、自衛隊にはどこまでの活動ができるのか、それを政府は一つ一つ説明する責任を負わされてきた。それは自衛隊の活動を抑制し、日本を軍事紛争に巻き込まないために、重要な役割を果たしてきた。もし、自衛隊の存在を九条に書き込んだとすると、この点はどうなるのだろうか。「自衛隊はすでに憲法上も認められた存在だ。もはや政府が説明する必要はない。自衛隊はそんな任務を果たすことはできないはずだとあなたが主張するなら、なぜそうなのかを説明すべきなのは、あなたの方だ」と政府は言い出さないだろうか。浅はかな考えで憲法を変えてしまう前に、よくよく考えるべきことがたくさんある。

10 英語で原稿を書く

筆者は時折、英語で原稿を書くよう頼まれることがある。ごく最近では、ニューヨークに本拠を置く *International Journal of Constitutional Law* という季刊誌（「憲法国際雑誌」とでも訳すことになるだろうか）に、日本の憲法に関する本の書評を書くように言われ、近年、最高裁を退官された藤田宙靖、泉徳治、千葉勝美の三氏の著作の書評をこしらえて、先方に送ったところである。来年（二〇一八年）には刊行されるであろう（'The Supreme Court of Japan, one step forward (but only discreetly)' in 16 INT'L J. of CONST. L. 672 (2018)）。

すでに刊行されたもので近年のものというと、たとえば、*Routledge Handbook of Constitutional Law* という本が二〇一三年に刊行された。「ハンドブック」とはいうものの、大項目の憲法事典とでもいうべきもので、特徴は、大部分の項目が複数の研究者の共同執筆となっている点にある。筆者は、ローマ大学のチェザレ・ピネーリ教授とともに、冒頭の「Constitutions」という項目を担当している。共同執筆とはいえ、大体の担当は決まっているもので、筆者は第三節の「立憲主義の誕生」、第四節の「法の支配と立憲主義」、そして第五節の「懐疑主義と立憲主義」について最初の草稿を執筆した。世界中の研究者が参照する書物なので、独自の見解を披瀝するわけにはいかない。英米独仏といったところを中心として、オーバーラッピング・コンセンサスになっているところを述べていくことになる。

憲法関係で「ハンドブック」と称される書物は、他の出版社からも刊行されている。オクスフォード大学出版局も、二〇一二年に *The Oxford Handbook of Comparative Constitutional Law* を刊行している。こちらの本では、筆者は「戦争権限（War Powers）」の項目を一人で担当した。武力の行使に関する権限の所在、コントロールのあり方に関する問題群を広く指して「戦争権限」と言われる。ここでも、各国の戦争権限に関する実務と学説とを客観的に記述することが求められている。

他国の戦争権限について知ることは、日本人にとっても役に立つ。たとえば、日本が他国によって武力攻撃を受けたとき、大部分の日本人は、当然のようにアメリカ合衆国が武力を行使して日本を助けてくれると考えているのではないだろうか。それは、少なくとも「当然」ではない。日米安保条約の第五条は、日本国の施政下にある領域において、日米いずれかに対する武力攻撃が行なわれたときは、それぞれの国の「憲法上の規定及び手続に従って共通の危険に対処するように行動すること」としている。「行動」の中には、武力の行使も含まれるであろう。問題は、「憲法上の規定及び手続」である。

アメリカ合衆国憲法第一篇第八節第一一項は、「戦争を宣言すること（declare War）」を連邦議会の権限としている。これはいわゆる宣戦布告のことではない。アメリカは建国以来、ほぼ毎年のように戦争をしてきた国であるが、宣戦布告をしたことは、五回しかない。この規定の意味については、学説上も実務上もさまざまな論争があるが、少なくとも「戦争（War）」といい得るほどの大規模な武力の行使にあたって、連邦議会の承認が必要である点については、大方の意見の一致がある。このため、アメリカ政府の確固たる有権解釈も、日米安保条約に自動執行性はないとしている。つまり、日本が武力攻撃を受けたからといって、アメリカ軍がそれに対処することが、当然のように保証されているわけではない。連邦議会の同意もなく、米政府が日本を武力で助けることが約束されているわけではない。

　アメリカは助けてくれるかも知れない。しかし、そうではないかも知れない。戦うべき相手がアメリカ本土を大量破壊兵器によって攻撃する能力を備えているようであれば、あるいは、相手がアメリカにとって重要な貿易相手国であれば、連邦議会の承認がないことを口実に、来援ができないと言い出すことは十分にあり得る。それは覚悟しておくべきであろう。その場になってみないと分からないわけである。

　このハンドブックの原稿で強調した点の一つは、大規模な戦争や武力抗争の原因は、対立する両国の憲法原理の相違に求められることが、しばしばあることである。これは、古くはジャン－ジャック・ルソーが指摘し、カール・シュミットを経て、現代ではフィリップ・バビットによって展開されているテーゼである。

　近年では、軍事問題を含めて、各国の政策決定権を国際組織へと移管し、国際的なガバナンスの下に置くべきだとの主張が声高になされることがある。しかし、日本のように、リベラル・デモクラシーを憲法原理とする国にとって、そうした国際的なガバナンスへの権限の移行はディレンマをもたらす。世界の国々の多くは、いまだにリベラル・デモクラシーではなく、日本とは根底的に異なる憲法原理を保持し続けているし、さらに大部分の国際組織は、構成国の人民に対する民主的な説明責任や政治責任を負っていない。国際社会の国内社会に対する優位を安易に語るべきでない理由は、ここにもある。

なお、このハンドブックにおける日本に関する記述（の一部）は、その後の安倍内閣による憲法九条の解釈変更によって、アウト・オブ・デイトになってしまった。この点については、ワシントン州立大学の紀要（*Washington International Law Journal*）の二六巻一号（二〇一七年一月号）に、The End of Constitutional Pacifism? という論稿を寄せて、説明を加えている。

戦争権限の項目を執筆したせいで、私をこの種の問題に関する専門家だと考える人たちが現れたようである。来年（二〇一八年）六月に、韓国のソウルで開催される国際憲法学会（International Association of Constitutional Law）の世界大会では、戦争とテロ、緊急事態というテーマの全体会議でスピーカーを務めることになってしまった。

この種の、世界中の研究者向けに各国の標準的な学説や制度を説明する原稿としては、ごく最近のものとして、ドイツのマックス・プランク研究所が編纂したオンラインの比較憲法百科事典 *Max Planck Encyclopaedia of Comparative Constitutional Law* に寄稿したものがある。これも大項目の比較憲法百科事典である点では、ラウトリッジ社やオクスフォード大学出版局の刊行した「ハンドブック」と同様であるが、何しろオンラインのものなので項目数が多い（http://oxcon.ouplaw.com/home/MPECCOL）。筆者は「押しつけ憲法（imposed constitutions）」と「通信規制（regulation of telecommunication）」の二つの項目を執筆している。

押しつけ憲法というと、第二次大戦後のアメリカによる日本政府への憲法草案の押しつけがすぐに頭に浮かぶであろうが、imposed constitution ということばの世界標準の使い方からすると、大日本帝国憲法も典型的な押しつけ憲法である。本来的な憲法制定権者であるはずの国民の意思に全く配慮することなく、君主（および君主を代表する政府）が勝手に憲法を作って、それを国民に押しつけているのであるから。同様の例としては、フランスの一八一四年憲章、一九世紀ドイツで制定されたバイエルン、ヴュルテンベルク、プロイセン等の諸邦の憲法があり、これらも、英語で説明されるときは、imposed constitutions として分類される。

もっとも、これは国民が本来的な憲法制定権者であるという前提をとるからこそ生まれることばの使い方である。さらにいえば、そうした前提をとらない限り、「押しつけ憲法」という概念自体、意味を失いかねない。ところで筆者は、そうした前提をとっていない。ある憲法の正当性を議論する際に、それが憲法制定権者であるはずの国民によって制定されたか否かという論点は、二次的・三次的な論点にすぎないという立場をとっているし、そもそも憲法制定権力という概念は、憲法学から消去可能だと考えている。この筆者の見解は、邦語の論文でも公表しているが、英語でも、*Indian Journal of Constitutional Law* の第三巻（二〇〇九）に、On the

Dispensability of the Concept of Constituent Power という題目の論考を寄稿している。こうした立場は、主権概念の意義を多くの憲法学者ほどには重視しない筆者の考え方と共鳴している。筆者がむしろ重視するのは、国家および法の権威主張とその正当性の有無であり、この問題は、個別の主体、個別の論点ごとに答えを出す必要がある。憲法制定権力や主権に関する通常の議論のように、ある法体系全体について、包括的・統一的に答えを出すことはできない。

ちなみに、押しつけ憲法に関する拙見は、近いうちに、アンドラス・サイヨー教授の記念論文集で、まとまった形で公表される予定である（'Constitutional Borrowing: The Case of the Monarchical Principle', in *New Developments in Constitutional Law: Essays in Honour of András Sajó* (Eleven International Publishing, 2018)）。

マックス・プランク比較憲法百科事典の「通信規制」の項目は、日本語でいう「通信」だけでなく、「放送」もカバーしている。アメリカ合衆国では telecommunication の普通の用法である。国際憲法学会の過去の世界大会では、筆者はしばしば telecommunication に関する分科会のコーディネーターを務めてきた。その後遺症である。問題は、この項目については、技術の制度の進展のスピードが早いことである。愚図愚図していると、アッという間にアウト・オブ・デイトになってしまうであろう。

これら、筆者の執筆した英語の原稿であるが、大部分は先方から依頼されて執筆したものである。そういう意味では、寄稿であって、投稿ではない。当たり前であるが、英語の原稿の方が、日本語よりも執筆に時間がかかる。このため、筆者の研究時間の大半は、英語の原稿の執筆に当てられている。日本語で執筆する法律学の原稿と異なり、英語で執筆して海外の出版社から刊行するものは、そもそも原稿料をもらえることがほとんどない（全くないわけでもないが）。自身の効用という点では、さして効率的な時間の使い方とは言い難い。

投稿した原稿として思い当たるのは、一本だけである。*Ratio Juris* というボローニャ大学に拠点を置いている法哲学雑誌に寄稿した The Rule of Law and Its Predicament という原稿で、ミシェル・トロペール教授の法解釈理論を後期ウィトゲンシュタインの哲学と調整問題の観念を用いて再構成したものである（Vol. 17, No. 4 (2004)）。

日本語の原稿についてもそうなのだが、英語の原稿についても、基本的には頼まれ仕事をしていることが、振り返ってみるとよく分かる。

11　プロイセン憲法争議

二〇一七年八月、東京大学教授でドイツ近現代史がご専門の石田勇治さんと共著で『ナチスの「手口」と緊急事態条項』という新書を集英社から刊行した。ワイマール憲法に組み込まれた緊急事態条項を頻繁に行使する政治運営が、結局は、ワイマール共和国自体の崩壊を招いた過程と要因を主として検討する本である。

本を作る過程での石田さんとの議論も大いに勉強になったのだが（歴史家との議論は本当に勉強になる）、その後も勉強は続いている。というのも、編集を担当された服部祐佳さんが、この本のプロモーションのために著者二人のトーク・イベントなるものを企画し、何度かワイマール憲法や緊急事態条項一般について、改めて討議する機会を作って下さったからである。

二〇一八年一月には、早稲田大学でこのトーク・イベントが開催されたが、そこでの石田さんとのやりとりが、ある事件について考え直すきっかけを与えてくれた。その事件とは、プロイセン憲法争議である。この連載の第四回（「4　緊急事態に予めどこまで備えるべきなのか」）でも触れたことだが、プロイセンの宰相ビスマルクは一八六六年、オーストリアとの戦争に勝利した後、一八六二年以降、予算なしに歳出を続けた政府の行動についての免責法案を提出し、議会で可決・成立させている。憲法の明文に忠実に従ったままでは国難を解決し得ない場合は、必要な措置はとり、しかし事後的に議会で事情を釈明して許しを請うた例として知られている。

どんなことが起こるか分からないのだから、どんな大変なことが起こっても対処できるように緊急事態条項を拵えると、とてつもなく危ない権限を政府に与えることになる。便利だからといって、困ったときにそれに頼りきりになると、ワイマール共和国のように、議会の諸勢力が協調して国難に対処する気を無くし、何でも反対派の寄せ集めになってすべてを御破算にしようとし、政治という活動全体が国民の信頼を失うことになる。むしろ、そんな便利な条項を作ろうとするのはやめて、しかし国民の生命・財産を守るために必要な最低限の措置はたとえ違法であっても、政府はとる。ただ、とった後では事後的に政府は議会でなぜ法に反する措置をとったか説明し、許しと免責を請うべきである。その場合、政府は国民の生命・財産の危機を救うために、本当に必要最小限ギリギリのことだけをしようとするはずである。ということで、その事例の一つが、プロイセン憲法争議だというのが筆者の主張である。

この事例を早稲田のトーク・イベントで紹介したところ、石田さんから疑義が提示された。この事案は長い目で見ると、プロイセン、さらにはドイツ第二帝国で議会の地位が低下し、政府優位の状況で統治が行なわれるきっかけとなったもので、必ずしもビスマルクが議会の意思に従った事例とは言えないのではないか（単純粗雑なまとめで申し訳ありません）という疑義である。

この疑義にはもっともなところがある。その点を以下、説明したい。

一八六〇年代初頭、国際情勢の緊迫化に対応すべく、徴兵期間を二年から三年に延長するとともに、各地の民兵を改組して常備軍に組み込む形で軍備を拡張しようとしたプロイセン国王ヴィルヘルムI世は、リベラル派が多数を占める議会下院の抵抗に直面する。民兵組織はリベラル勢力の力の源泉でもあった。一八六二年に両者の対立は激化し、下院は政府の提出した予算案を組み換えた独自の予算案を可決する。国王は対抗して下院を解散するが、総選挙で選ばれた新たな下院ではリベラル派の議席はさらに増加した。プロイセン憲法によれば、予算は上下両院で可決されない限り成立しない。下院多数派は、憲法が定める通りの統治を要求する。政府が譲歩すべきだというわけである。一時は退位も考えたヴィルヘルムはしかし譲らず、新たにビスマルクを宰相の地位に据えた。一八六二年九月のことである。

ビスマルクが議会で行なった演説のことば、「現下の主要問題は、弁舌と多数決ではなく、鉄と血によって解決される」は広く知られている。プロイセンは、ベルギーでもイギリスでもない。議会多数派の支持がなければ国政を遂行し得ない国家ではない。ビスマルクは、下院の同意を必要とすることなく、つまり予算が成立しなくとも、国家の生存を維持するために政府は租税を徴収し、支出をすることができると主張した。それを支えるために用意されたのが、「憲法典の欠缺」という議論である。

プロイセン憲法によれば、予算は、国王を代表する政府の提出した予算案を上下両院が可決することで成立する。成立しない場合はどうなるのだろうか。憲法典はそうした事態を想定していない。憲法典だけを頼りにしたのでは、この事態は解決できないことになる。憲法典が頼りにならない以上、憲法学によっては解決できないというのが、一つの回答（？）である。ゲアハルト・アンシュッツの「ここにあるのは、憲法典の欠缺というよりは、いかなる概念操作によっても埋めることのできない法の欠缺である。ここに憲法は止まる（Das Staatsrecht hört hier auf）」という述懐は（Gerhard Anschutz, Georg Meyer, *Lehrbuch des deutschen Staatrechts*, 7th ed. (Duncker & Humblot, 1919), p. 906）、こうした態度を示している。それは法律問題ではない。後は政治の問題だというわけである。

しかし、憲法典に穴があるとしても、憲法に穴があるとは限らない。法に基づいて条文ができるのであってその逆ではない（*jus non a regula sumatur, sed ex jure quod est regula fiat*）、という回答もあり得る。プロイセン憲法は、先行するバイエルンやビュルテンベルクの憲法、さらには後に続く大日本帝国憲法と同じく、君主制原理（monarchisches Prinzip）に基づいている。国の統治権は元来、君主がすべてを掌握しているが、統治権を実際に行使するにあたっては、君主自身が定めた欽定憲法の条項に従って、これを行使するという考え方である。「天皇は国の元首にして統治権を総攬し此の憲法の条規に依り之を行ふ」とする大日本帝国憲法第四条に、この考え方が典型的に示されている（この辺りの消息については、拙著『憲法の論理』（有斐閣、二〇一七）第一四章「大日本帝国の制定」参照）。

したがって、憲法典が想定していない事態が発生したとき、どうすべきかを判断し、決定する権限は、元来すべての統治権を掌握している君主に属するはずである。憲法典を読んだだけでは帰属の判明しない権限は、君主に帰属するという推定（*praesumptio pro rege*）が働くからである（cf. Carl Friedrich von Gerber, *Grundzüge des deutschen Staatsrechts*, 3rd ed. (Bernhard Tauchnitz, 1880), p. 133）。ちなみに、日本国憲法についても、その四一条で最高機関とされる国会に関して、帰属不明の権限が帰属するとの推定が働くという議論があるが、現憲法下の国会が元来、全統治権の掌握者ではない以上、この議論の根拠は極めて薄弱である。

プロイセン憲法についても、憲法典がそもそも想定していない緊急事態が生じたときは、元来の統治権の掌握者である君主がこの事態を解決する権限を持つはずだ、というのが、君主制原理と憲法典の欠缺とを掛け合わせると、自然に導かれる結論である。ビスマルクが依拠したのは、こうした論理の筋道であった。

さて、議会の正式の承認なしに歳入・歳出を行ない、軍備を増強したプロイセンは、参謀総長であったモルトケの作戦——膨大な兵力で敵軍を組織的に包囲殲滅する作戦で、この作戦を遂行するためには、徴兵の長期化と兵力の増強が必須であった——が功を奏して、対デンマーク戦争（一八六四年）に続いて対オーストリア戦争にも勝利する。オーストリアに対する戦勝を決定づけたケーニヒグレーツの戦いと同じ日（一八六六年七月三日）に行なわれた下院選挙で、リベラル派は惨敗する。

それまでビスマルクを支持してきた保守派は、一気に畳みかけて憲法を改正し、議会の権限を縮小して政府の権限を確立すべきだと主張した。しかし、新たに召集された議会でビスマルクが採ったのは、政府の免責法案を提出するという手段である。下院は、予算不成立のままなされた一八六二年から六六年までの歳出について、大臣が弁償すべきだとの態度をとっていた。免責法案は、事後的に政府の歳出を合法化し、大臣の責任を免除するものである。リベラル派の主流はこの提案を受け入れ、免責法案を可決した。

あくまで君主制原理にこだわるのであれば、議会の免責は不要のはずである（ヴィルヘルムはそう主張した）。しかしビスマルクとしても、今後のプロイセン、さらには統一ドイツの国政を執るにあたって、議会の主要勢力であるリベラル派と対決しつつ、憲法上の対立が解けない異常事態が継続することは避けたかった。彼をこれまで支えてきた大土地保有者を基盤とする保守派は、今後は衰退していく勢力である。また、リベラル派としても、ビスマルクが実際に執ってきた政策、オーストリアを除外したドイツの統一と産業振興は、自分たちの年来の主張に沿うものである。

この結果、リベラル派は免責法案に賛成する勢力と反対する勢力とに分裂した。免責法案に賛成したリベラル右派勢力は、その後、ビスマルクを確固として支持する勢力となった。形の上では、ビスマルクは非を認め、議会の免責を求めているが、その結果、実際に生じたのは、ビスマルクの望むような議会の勢力配置が構成されたことであった。石田さんの指摘はあたっているというのは、この点である。

ただし、君主制原理はプロイセンおよび統一ドイツの国制を支える基本原理として、生き続ける。君主制原理に基づくドイツ型立憲制と、議会に依拠して統治を行なうイギリス＝ベルギー型立憲制との対立は、約五〇年後に第一次世界大戦として発火することになる。日本の君主制原理が排除されるには、第二次世界大戦を要した。

プロイセン憲法争議ほどの事件になると、政治・経済・軍事・国際情勢が複雑に絡み合い、それにさまざまな憲法学説が戦闘手段として動員される。一つの正しい見方だけがあるわけではない。異なる分野の方々と討議する楽しみの一つは、そのことに気付かされることである。

12 「ユダヤ的国家」万歳

イスラエルの「人間の尊厳と自由に関する基本法」は、全体として見れば、ごくありきたりの権利宣言である。あらゆる人の生命、身体、尊厳ならびに財産は保障される。人身の自由もイスラエル国籍を離脱する自由も保障される。プライバシーと住居の不可侵も保障される。基本法は、憲法典がそうであるように硬性化はされていない。しかし、イスラエル議会（the Knesset）が、基本法に反して立法する意思を明示しない限り、基本法に反して権利を侵害する法律は無効とされる。

ときおり議論を誘発するのはその第一条である。同条は、イスラエルが「ユダヤ的民主国家（a Jewish and Democratic state）」であると規定する。

問題は、ここでいわれている「ユダヤ的国家」とは何を意味するかである。いろいろな回答が考えられる。(1)ユダヤ教がイスラエルの国教として樹立され、国民すべてがユダヤ教を信仰すべきことを意味するのか、(2)ユダヤ教徒あるいはユダヤ教徒でないとしてもユダヤ人であるイスラエル国民が、他の国民より優越した地位を占めること（つまり、イスラエルには一級市民と二級市民がいること）を意味するのか、(3)基本法が規定するありきたりの普遍的な諸価値のほかに特殊ユダヤ的諸価値があり、後者はときに普遍的諸価値と衡量され、特殊ユダヤ的価値のゆえに普遍的価値が切り下げられることもあるということか。

最高裁長官として長くイスラエルの司法界を率いてきたアーロン・バラク判事によると、この「ユダヤ的国家」という概念が意味しているのは、(1)から(3)のいずれでもなく、イスラエルがユダヤ教の基本的諸価値を擁護する国家であることである。その基本的諸価値とは、「人類への愛、生命の神聖性、社会正義、衡平、人間の尊厳の保護、立法府をも対象とする法の支配等」である（Aharon Barak, 'A Constitutional Revolution: Israel's Basic Laws' (1993). Yale Law School, *Faculty Scholarship Series*. Paper 3697)。

要するにまっとうな民主国家であれば、どこであれ尊重される普遍的諸価値を擁護する国家であることを意味していることになる。法哲学者のジョゼフ・ラズが指摘するように（Joseph Raz, 'Against the Idea of a Jewish State', in *The Jewish Political Tradition*, Michael Walzer et al. (eds.) (Yale University Press, 2000), pp. 509–14)、これが「ユダヤ的国家」の意味であれば、現在のフランスも「ユダヤ的国家」であろう。おそらく現在の日本も「ユダヤ的国家」である。世界を見渡したとき、たしかに「ユダヤ的国家」であるかどうか疑わしい国々もあるが、それは要するに、（その国の憲法典に何が書かれているかは別として）普遍的とされる諸価値を実際に尊重しているとは言えない国家だということである。

バラク判事がここで行なっているのは、基本法の規定の「解釈」である。多くの場合、解釈は条文を出発点とする論理的推論ではない。とりわけ憲法典やそれに類する基本法典の場合、条文の通常の意味内容が（普遍的）道徳に照らして不当な論理的帰結をもたらす場合に、むしろ普遍的道徳に訴えかけることで、その不当性を打ち消すために行なわれる。

バラク判事が行なった解釈は、「ユダヤ的国家」という文言の意味内容をほとんど消去するような解釈である。いかなる国であれ、普遍諸価値を擁護する国家であれば「ユダヤ的国家」だというわけであるから。

では、こうした解釈は不当な、許されざる解釈かと言えば、そうではないとラズは指摘する。「ユダヤ的国家」という文言が道徳的に見て不当な帰結をもたらさないためには、つまり上記の(1)から(3)のような帰結をもたらさないためには、「ユダヤ的国家」という文言の意味内容をすべてくり抜くことは、必須の作業であった。

それでもこの文言になお意味を認める第四の解釈の可能性はあるのではないか。普遍的諸価値は擁護せざるを得ない。その国独特の価値によって普遍的諸価値を切り下げることもできない。しかし、普遍的諸価値の擁護の仕方は、時と所によって多様であり得るのではないだろうか。国ごとにたどってきた歴史が異なる。経てきた経験も異なる。それを反映した現在があり、未来がある。同じ民主国家と言っても、アメリカ、イギリス、フランス、ドイツ、イタリアそれぞれの民主主義のやり方があるように、違憲審査の方法にも国ごとに違いがあるように、イスラエルにはイスラエルなりの普遍的諸価値の擁護の仕方があるのではないか。

ラズは、そんな解釈の可能性はないと言う。普遍的諸価値の擁護の仕方がいろいろであること、国ごとに違いがあり得ることは、その通りである。しかしそれは、あまりにも当然のことであって、わざわざ憲法典や基本法で高らかに宣言するようなことではない。そんなことを言い出したら、デンマークは「デンマーク的国家」であり、カナダは「カナダ的国家」であることをそれぞれ宣言しなければならないことになりそうであるが、そんな必要性はどの国も感じていない。結局、バラクの解釈が正当な唯一の解釈だということになる。

自分たちの国には、自分たちでなければ実現し得ない、自分たちでなければ目指すことのあり得ない、独特の価値があるというヒステリックな考え方にとりつかれる人々は、そんなのやめましょうよと言っても簡単にはなくならない。日本の場合で言えば、九条についてそうした考え方に執着する人が多いようである。日本だけの経験がそこにあること、それを反映した運用が積み重ねられてきたことは、その通りである。しかし、目指すべき未来、念頭に置くべき理念に、日本独特のものがあるかと言えば、それはどうであろう。

あるいは、憲法を改正して、親を敬うように、子どもを大事にするように、家族みんな仲良くするようにと書き込んだらどうかと主張する人々もいる。自分の権利ばかり主張して義務をおろそかにする風潮は我慢ができないという心持ちが背景にあるようである。

言われている義務が日本独特のものとは到底言えないことは別として、多くの憲法典や権利宣言が権利を規定する一方で義務についてはあまり語らないのはなぜか。いろいろな理由があるが、その一つは、普通の人々がまず念頭に置くのは自分の義務であって権利ではないことにある。権利よりははるかに義務が、人の生きる意味を形作っている。生きていく中で自分が引き受けてきた義務、親として、伴侶として、仕事仲間として引き受けてきた義務こそが、人に生きる意味を与えることが普通であろう。体力の限界を超えてでも、精神的に追い詰められても、なお働こうとする人がいる理由の一部はそこにある。権利は各人の意識においてさえ、おろそかにされがちだからこそ、権利をわざわざ宣言することに意味がある。

また、大切な義務は各自が自分のものとして本当に引き受けない限り、当人にとって意味を持たない。憲法典や権利宣言に義務を書き込むことにさしたる意味がないのも、そのためである。勤労する義務を憲法に書いたからと言って、よし働こうとは、人は普通、思わない。自分の仕事をこれと見定めて引き受け、それを日々こなしていく中で、自分の仕事に対する責任感が生まれ、誇りが生まれる。「仕事に誇りと自信を持て」と人に言われたり、憲法に自分の勤め先をわざわざ書いてもらったりして生まれるものではない。

結局のところ、日本は日本なりのやり方で「ユダヤ的国家」であることを目指し、そうであり続ける努力をする。それしかないように思われる［＊1］。

＊1　イスラエルの国会は、二〇一八年七月、イスラエルをユダヤ人民の国民国家であると宣言する新たな基本法を制定した。同法は、アラブ語に公用語としての地位を否定している。イスラエルが今後、どのような国家となっていくかは、予断を許さない。

13　適切な距離のとり方について

裁判官は法を適用し、ときには解釈する。条文で言うと、条文が具体の事案に対して適切な答を導くときはその条文をそのまま適用する。具体の事案に対して適切な答を導かないときは、条文に解釈を加える。関連する法令や先例に加えて、起草者がどのような場面を想定してその条文をこしらえたか、面前の事案がそうした場面にどの程度対応しているか、制定時と現在とでどのような事情が変わらず、どのような事情が変化したか等を勘案して条文に解釈を加え、事案に即した適切な答を出そうとする。

憲法の条文、とくに基本権に関する条文については、話が変わってくる。基本権条項は、それをそのまま適用して何か具体的な答が出てくるということは、まずない。表現の自由の場合で言うと、日本国憲法二一条は、「言論、出版その他一切の表現の自由は、これを保障する」と定める。しかし、何でもかんでも表現活動のし放題というわけではない。他人の名誉を毀損する表現活動は取り締まられるし、人格権侵害にあたるとして差し止められることもある。届出もしないで道路で集会やデモ行進をしてかまわないというわけでもない。「車両は道路の中央から左の部分を通行しなければならない」と定める道路交通法一七条四項や、「土地の所有者は、隣地から水が自然に流れて来るのを妨げてはならない」と定める民法二一四条とは、相当に趣が違う。道路交通法や民法の場合は、何をすべきか、何をしてはならないか、読んだだけですぐに分かる。憲法二一条はそうはいかない。

こうした違いは、道路交通法や民法のような普通の法律と、憲法の基本権条項との役割の違いに起因するところが大きい。普通の法律は（多くの場合）、人々にああしろ、こうしろ、ああするな、こうするなと具体的な指図をする。別の言い方をするなら、法律は人々に対して、どう行動すべきかを自分で判断するな、法律の指図する通りに行動しろと主張する。なぜかというと、自分で判断するのをやめて、すべての人が法律の指図する通りに行動することが、本来人のすべきことをより良くすることにつながるからである（と、少なくとも法律の側は主張する）。法律の指図通り、すべての人が道路の左側を通るようにすれば、スムーズにかつ安全に自動車を運行することができる。隣地からの流水をせき止めるようなことを誰もしなければ、水があふれてみんなが困るという事態が起こることもない。

他方、基本権条項は、何か具体的な行動の仕方を指図しているわけではない。何をするべきか、何をしてはいけないのか、条文を読んだだけでは分からない。基本権条項の役割は（少なくとも）二つある。第一に、政府による表現活動の制約はない（ゼロ）というのが出発点であることを宣言している。もちろん、表現活動が制約されることはある。しかしその場合、なぜそうした制約をするのか、政府の側が人々の納得のいく説明をする必要がある。必要性と合理性の立証に成功した制約だけが認められる。具体的な制約の姿は法律や条例といった条文の形をとる。こういうことはしてはいけないと法律や条例は指図する。

第二に、市民の側としては、政府の提供する説明に素直に納得することもあるだろう。それが「常識人」のとる行動である。しかし、納得できないという人もいるだろう。そのときは、法律や条例がしてはいけないと指図していることをやることになる。あるいは、法律や条例がこうしろと指図していることをやらないことになる。法律や条例の指図の効力を解除する効果が基本権条項にはあると、市民は主張することになる。ここでの基本権条項の役割は、違憲の疑いのある実定法に則って行動すべきかどうか、実践理性の地平に立ち戻って考え直すよう呼びかける点にある。

問題は裁判所に持ち込まれる。裁判官は、自由な表現活動が民主政治を支える役割や個人が生き方や思想を自分で決める際に果たす役割等を勘案して、問題となった具体的な市民の行動を許すべきか否か、結論を出す必要がある。その際の裁判官の議論の進め方であるが、まずは問題となった具体的な行動をそもそも「憲法は保護しているのか」が問われる。他人の名誉の毀損、犯罪の扇動、プライバシーの侵害、わいせつ表現など、はるか昔から、そもそも自由に行ない得る表現として保護されていないとされてきた、いくつかの表現活動のカテゴリーがある。それに当たるか否かをまず判断することになる。

次に、そうした限られたカテゴリーの「保護されない」表現活動に当たらないとなると、憲法によって保護されている表現活動を政府が制約しているわけであるから、政府の側がそうした制約の必要性と合理性を立証する必要がある。「正当化」の局面と言われる段階である。

この正当化が成功しているかどうかをどのような枠組みに基づいて判断するかについて、大きく分けて二つの流儀がある。第一はアメリカ由来のもので、審査基準と言われるいくつかの合憲性の判定基準を用いる。その中でも支配的な考え方は、制約が表現の内容に基づくものか、内容に基づかない中立的なものかに二分した上で、前者については後者より厳格な審査基準をあてはめるというものである。

第二は、主にドイツから輸入されたもので、比例原則と言われる枠組みを用いる。政府の制約が、どれほどの正当な目的を持っているか、その目的を実現するためにその制約を加えることが必要と言えるか、必要だとして、制約によって得られる利益と失われる利益のバランスはとれているか、こうしたいろいろな論点に即して政府の正当化が成功しているか否かを裁判官が判断する。

一見したところ、比例原則の方が、いろいろな論点をくまなく拾った上で具体的な事案に即して総合衡量していることになり、結構な判断の枠組みのようにも思われる。他方、アメリカ流の審査基準論は制約のカテゴリーごとにあてはまる基準が決まってしまい、具体の事案に即した柔軟な判断を難しくするのではないか。そう考える人も多い。

そうなのかも知れないが、ここでは、審査基準論のような硬いアプローチをとることに何か利点はないか、それを考えてみよう。裁判官が憲法を解釈するときも、人一般の日常生活における判断と根本的に異なることがあるわけではない。いくつかの選択肢に直面することになる。それぞれの選択肢に、それを選ぶべき十分な理由があるという状況も少なからずあるであろう。

日常的な生活の文脈で言えば、休日の朝起きて今日は何をしよう、美術館にポスト印象派の展覧会を見に行こうか、カープのデイ・ゲームを見に行こうか、近くの山にハイキングに行こうか、それとも一日家で音楽を聴きながらブラブラ過ごすか、選択肢はいろいろだということがあるだろう。それぞれに選ぶべき十分な理由があり、そうすべきでないという決定的な理由は見当たらない。しかも、選択肢は相互に比較不能であって、一つの物差しで比べてどれが一番と言うこともできない。そうした場合、人はどれか一つを自分の好みや趣味や普段の習慣に基づいて選択する。どれが一番か（最適か）という判断がつかない場合でも、どれか一つを選ぶことが非合理的な選択になるわけではない。そうして選ばれた選択肢もまた、十分な理由によって支えられており、そうすべきでないという決定的な理由はないからである。私は美術館でポスト印象派の絵を見るのが好きな人間だ。自分がどういう人間であるかを、人は日々の選択を通じて決めていく。

裁判官も同じでいいのだろうか。いくつかの解釈の選択肢がある。どの選択肢にもそれを支える十分な理由がある。それを選ぶべきでないという決定的な理由も見当たらない。しかし、すべての選択肢を一つの物差しの上に並べて、いずれが最善かを判定することもできない。比較不能である。その場合、個々の裁判官の好みや裁判所全体の趣味や性向で結論を決めてよいのだろうか。そうすることで、裁判官は自分たちがどういう裁判官であるかを自分で選びとっている。あの裁判官は保守的だ、いや革新的だ、単にその時々の政府よりであるだけだ。それでよいのだろうか。

そうはいかないように思われる。一般市民の日常生活での選択と異なり、裁判官による判決や決定は、社会全体のための決定であり、公的性格を帯びる。個人の選択と異なり、自律的に選択すること自体に意味があるとは考えられていない。なぜその選択をしたか、なぜほかの選択ではなかったのか、理由づけを迫られ、その理由づけは公開される。いったん公開された理由づけは先例となり、その後も踏襲されるべきものと世間一般に受け取られる。自分の好みや趣味や性向で決めたわけではないことを世間一般に示す必要がある。しかも、裁判官は中立公正であることが求められる。政党や新聞とは異なる。

そういう意味で裁判官には、自分自身の趣味や性向や政治的立場と裁判の結論との間に、距離を置くことが要求される。そうした理由づけが示されないと、単に政府や議会に気を遣っただけではないか、裁判官自身の保守的な（あるいは革新的な）性向が反映しただけではないか等と勘繰られ、その恣意性を批判されることになりかねない。

そうした適切な距離を置くため（置いていると世間一般に見てもらうため）には、判断の手順や方法を硬く方向づける基準や法理の方が、そうでない判断枠組みよりも、好ましい。判断すべき論点のみを示して、後は具体の諸事情に即した総合衡量をしましたという判断枠組みでは、やはり、政府や議会に気を遣っただけではないか、保守的な裁判所の性向を反映しているだけではないかと勘繰られることになる。裁判官自身の生の価値判断が剥き出しで表現されているだけだからである。それでは、外からの批判・攻撃に対する防御は弱まる。批判する側の議論も、十分な理由によって支えられているからである。

以上のような分析の射程は限定されている。裁判官が複数の解釈の選択肢に直面し、どの選択肢にも十分な理由があり、それをとるべきでない決定的な理由もなく、相互に比較不能だという場面ではじめて働き始める分析である。そうした場合に、いつも裁判官が頼るべき比較的硬い法理や審査基準があるというわけでもないであろう。

しかし、複数の解釈の選択肢が相互に比較不能である場面は、憲法事件では決して稀ではない。一方の結論を支える理由が他の結論を支える理由を「明らかに」上回ることもあるだろうが、裁判所に持ち込まれる事件、とくに最高裁まで争われる事件で、いつもそうなるわけではない。複数の解釈の選択肢が相互に比較不能であるとき、先例となった硬い法理や基準は、裁判官が自身と結論との間に距離を置くことを可能とする。裁判官は、法理や基準の背後に身を隠し、批判・攻撃から身を守ることができる。

一般的な正義の原則に他ならない比例原則では、そうはいかない。具体的な事情に即した裁判官の生の価値判断が、そのまま表面化するからである。自分の判断の客観性に自信のある裁判官ならそれでよいかも知れない。しかし、比較不能な選択肢の間の選択について、「客観的な」判断などあり得るものだろうか。それは根拠のない自信のように思われる。

いやそうした議論は単純に過ぎるという反論があるかも知れない。比例原則にもとづく判断が裁判官の裸の価値判断を表現しているというのは単なる見せかけで、実は形式的な装飾として比例原則の定式が使われているだけだ。裁判官の防御壁になっている点では、変わるところはないという反論である。

しかし、この反論は役に立たない。比例原則を用いる判断枠組みの利点は、それが具体的事案の多様な側面を衡量する裁判官の価値判断を率直に示している点にある。それがうわべの装飾にすぎないという反論は、この判断枠組み自体の信用を掘りくずす。表立っては言えない反論である。

14　最悪の政治体制、民主主義

イギリスの首相ウィンストン・チャーチルの有名な警句として、「民主主義は最悪の政治体制だと言われてきた。今まで試されたことのある他の政治体制を除けばの話だが」というものがある。

チャーチルがそう語ったのは、一九四七年一一月のことである。その時点で「今まで試されたことのある他の政治体制」として念頭に置かれていたのは、ファシズムか共産主義であった。共産主義と言ってもスターリン体制である。その二つに比べれば、たしかに民主主義はまだましであろう。早朝にドアをノックする者が秘密警察ではなく、牛乳配達人にすぎない政治体制である。

それからほぼ半世紀を経過した現在、今までに試されたことのある政治体制として、新たな種類のものが現れた。中国の現体制である。どう見ても共産主義体制ではない。中国の憲法第一条は、中国が「人民民主独裁の社会主義国家である」と宣言している。独裁国家であることは確かだが、果たして社会主義国家であろうか。

ケンブリッジ大学の政治学者、デイヴィッド・ランシマンの近著『民主主義はいかに終焉するか』（David Runciman, *How Democracy Ends* (Profile Books, 2018)）は、中国の政治体制を欧米の民主国家との対比で、次のように分析する。

　民主主義体制の特徴は、第一にすべての国民を個人として尊重すること、第二に社会全体におよぶ長期的な便益を供与することである。個人としての尊重は、典型的には国政参加権の平等な付与としてあらわれる。社会全体におよぶ長期的な便益は、さまざまな公共財の提供――治安の維持、経済的繁栄、社会的基盤整備、対外的平和等――としてあらわれる。個人として尊重された国民は、こうした公共財を背景としてそれぞれ自由に活動し、その結果を個人として享受する。

　民主主義体制、とくに欧米の古くからの民主主義体制は年老いた。若い、エネルギーにあふれた民主国家は、高い経済成長率を誇り、選挙権を拡大していくことで、個人としての尊重についても、社会全体におよぶ長期的な便益の供与についても、目覚ましい結果を誇ることができた。今は違う。選挙権拡大の余地はもはや乏しく、経済成長も大きく期待はできない。社会全体に広く薄く便益がおよぶ公共財は、それが公共財であるだけに、個々の国民にとっては便益を直ちには実感できない。

　他方、現在の中国はすべての国民を個人として尊重しようとはしていない。形式的にはすべての国民に参政権はあるのであろう。しかし、それはほとんど意味のない参政権である。モンテスキューが喝破したように、共和政国家でも専制国家でも、国民はみな平等である。前者では国民がすべてであり、後者では国民が無である点で（『法の精神』第六篇第二章）。しかも、チベットやウイグルの人たちの地位は、無以下のマイナスである。それでも、社会全体としては尊重と尊厳が付与されている。ナショナリズムを通じて、国威発揚を通じて、中国人民の威厳は回復されている（と中国政府は主張する）。

しかも、個々の国民は経済発展の便益を感じることができる。民主主義的な現在のインドと権威主義的な現在の中国との違いである。中国政府の方がはるかに効率的である。党組織が腐敗や汚職にまみれているとしても。つまり、中国の現体制は、民主主義体制を逆立ちさせている。民主主義の提供する個人の尊重と社会全体への長期的便益供与の代わりに、社会全体の尊厳と個人への短期的便益供与の組み合わせで、現在の中国の政治体制は成り立っている。

この組み合わせは巧妙である。人は社会全体におよぶ長期的利益よりは個々人にとっての短期的利益に目を奪われがちである。しかも、自分の現在の信念が正しいと過剰な自信を抱きがちである。現在の信念を補強するような情報は集めたがるが、それと衝突・矛盾する情報からは目をそむけようとする。今自分が生きているこの体制が善いに決まっていると信じたがるものである。いったん成立した権威主義的政治体制は、個々人に短期的便益を供与し続けることができる限り、自身を補強する無限のループに入り込む。

中国が脅威だと感じる人は多い。脅威の一端は、われわれが当然のように考えていたリベラル・デモクラシーに代わる、しかもそれよりすぐれている政治体制を示しているのではないか、そうした不安を感じさせる点にある。

中国の真似をしようとしているかに見える、表面上は民主主義体制の国があらわれ始めている。ハンガリー、ポーランド、そしてトルコもそうであろう。年老いた民主国家は、中国の真似をすることができるだろうか。トランプ政権を見ると、まさにそうした真似をしようとしているように見える。「アメリカを再び偉大にする」。国全体の尊厳の回復である。「鉄鋼の輸入に高い関税をかけて、アメリカの労働者たちに雇用を取り戻す」。個別の短期的利益の供与である。今のところはいずれも、ことばの上だけであるが。

日本の政治家の言動を見ても、中国の真似をしたいのだろうと思えてならないものがある。憲法一三条の「個人の尊重」という規定を廃止したいという人たちや、自衛隊の軍備を増強して世界各地で武力を行使したり、武力による威嚇をしたりしたいという人たちは、そうなのであろう。しかし、ナショナリズムに訴えることはともかく、個々の国民に短期的便宜を供与する余地は果たしてあるだろうか。せいぜい消費税の税率アップを先送りする程度のことしか残されていない。それも、短期的利益の供与というよりは、短期的利益の剝奪を先送りするだけである。福祉の長期的財政基盤は損なわれるのだが。

民主主義社会では異なる意見がぶつかり合い、その中から何が正しいかを主権者たる国民が選び取るのだと言われる。しかし、いったん自分の政治的立場を決定してしまった人たちは、自分の信念に合致する情報にのみ目を向けようとする。既存の信念を補強するサイクルが働く。SNSによる仲間同士のネットワークのつながりは、この傾向を助長する。「仲間」として発見されるのは簡単だ。ネットの探索を通じてあなたは自分の信条やプライバシーを拡散し続けている。そして、選挙をしても何も変わらない。選挙の結果次第で、経済成長をするようになるわけでもない。自分の意見は正しいと信じ込んだ人たちがぶつかり合う一方で、棄権する人々が増えていくばかりである。自分自身の短期的便益に選挙結果が直結するわけでもないから。民主主義国家が自信喪失に陥るのも無理はない。果たして民主主義がうまく機能しているのかどうか、確かめようもない。同じ状況で、他の政治体制の方がうまくいくものか、試してみるわけにもいかない。

ただ、日本が中国の真似をしようとしても、今さら無理であろう。「個人の尊重」に関する憲法規定を改変するくらいのことは、ひょっとしてできるかも知れない。しかし、国民から参政権その他の基本権を取り上げることができるだろうか。人は現時点での確実な便益の喪失を、将来の不確実な利得との比較で大きく評価しがちである。中国のようになりましょうと本心を正直に語っても、人々は聞いてはくれないだろう。本心を語らないで憲法を変えても、あとで猛烈なしっぺ返しを被るだけである。

ナショナリズムに訴えかけるとしても、限界がある。軍備の増強といっても、人口が減少しつつある日本の国力相応のものでしかあり得ない。個々人に短期的便宜が供与されそうもないことも、はなからみなが承知していることである。個人消費が上向かないのもそのためである。消費税率もいずれは上げざるを得ない。高齢化が進む日本社会で、福祉の切り下げも総額ベースで大幅にはできない相談である。

　中国の現体制の驚くべき「成功」は、中進国が先進国へと発展する、それほど長くは続かない経済成長軌道に寄り掛かったものである。いつまでも続くわけではない。統計上の数字はある程度、操作可能であろう。しかし、経済成長の終焉が誰の目にも明らかとなったとき、「成功」は「成功」のままであり続けるだろうか。日本が本当に備えなければならないのは、中国がその局面に立ち至ったときのカタストロフィックなリスクである。民主主義体制であれば今までの政策がうまく行かないとわかったとき、為政者をすげ替えたり、他の政策を試したりすることができる。権威主義体制ではそうは行かない。とくに最高指導部の任期制限が憲法上、取り払われたときは。

　老境にさしかかり、自分がいつまでも生きているわけではないことに気づいたとき、人生の危機が訪れる。若さを無理やり取り戻そうとして、みっともない派手な大型バイクをローンを組んで購入して数回乗り回し、そのまま車庫で眠らせる。あるいは廃棄処分にする。ランシマンによれば、トランプはアメリカの民主主義にとって、そうした大型バイクである。数年間乗り回したあとは、廃棄処分にされる。

　民主主義自体も、いつまでも続くわけではないのであろう。せいぜい一九世紀後半から世界にひろがった政治体制に過ぎない。教科書で描かれた理想通りに機能するとは限らない。新たな代替案があらわれるかも知れない。民主主義の終わりは人類の終わりではない。いずれにしても政治体制に関しては、われわれは長い目で物事を見る必要がある。

日本はどうすればよいのだろうか。ランシマンに解決策はない（日本についてだけではないが）。しかし、そんなに悩むほどのことであろうか。SF的な想定だが、人がいつの時代、どこの国に生まれるかを決めることのできるくじ引きがあるとしよう。二一世紀はじめの日本を引き当てた。どう考えても一等賞なみの大当たりだとランシマンは言う。たしかに政治も経済も停滞している。少子化と高齢化も進んでいる。しかし、他の時代、他の国に生まれて暮らすくらいなら、二一世紀はじめの日本で生きることに、それほど不平不満があるのか。そう考える人は、世界中に数限りなくいるだろう。

それともこれも、現時点の信念を揺るがされたくないという人一般の傾向のあらわれに過ぎないのだろうか。

15　意思と理由

ジャン＝ジャック・ルソーは、一般意思と特殊意思を区別した。一般意思は社会全体の利益の実現を目指し、特殊意思は個人の（あるいは身の回りの人々の）利益の実現を目指す。個人の一般意思を多数決手続を通じて集計すると社会としての一般意思が得られる。特殊意思を集計しても、個別的な欲求の集積である全体意思が得られるだけで、一般意思にはならない。

政治思想史家のパトリック・ライリーによると、一般意思と特殊意思という区別は、神学上の論争に由来する。神は人類すべての救済を目指したのか、それとも個人ごとに救済するか否かを決めたのかが争われた。その区別が政治哲学に輸入され、ルソーによって概念の改鋳が施された（Patrick Riley, *The General Will Before Rousseau: The Transformation of the Divine Into the Civic* (Princeton University Press, 1986)）。

神には意思とは別の理由（あるいは理由に対応して判断する理性）があるのだろうか。神の理性は人の理性と同じだろうか。分からない。神のことであるから。

人には意思と理性とがある。理由に対応して判断する能力が理性である。人の行動を方向づける理由、なぜそう行動したのか、それを理解可能なものとして説明することができる理由は実践的理由である。もっとも、人が行動するとき、いつもその理由は何かを意識するわけではない。本人が把握している限りの具体の状況において適切な行動が何か、何が適切でないか、意識することも熟慮することもなく直感的に行動することがむしろ殆どであろう。しかし、説明を求められれば、説明することはできる。その場で妥当するすべての理由をくまなく数え上げることは困難ではあるが。

理由にはいくつかの種類がある（この部分の説明は、ジョゼフ・ラズに依拠している。Cf. Joseph Raz, *Engaging Reason: On the Theory of Value and Action* (Oxford University Press, 1999)）。ある選択を合理的なものとして理解可能（つまり説明可能）とする事情があれば、それは「十分な理由（sufficient reason）」である。

ある時点で人が直面する、十分な理由によって支えられた選択肢は、複数あることが通常である。それらの選択肢を支える十分な理由のうち、他の理由によって打ち消されない理由は「適切な理由（adequate reason）」である。適切な理由が一つだけであれば、判断には困らない。しかし、複数の適切な理由に直面することも少なくない。それらの理由は、比較不能である。

たとえば、近所に評判のフレンチ・レストランがあるとする。そこでは、おいしい料理が食べられるであろう。今夕はほかに用はないし、外食をする金銭的な余裕くらいはある。しかも近所にある。しかし、時間の空いている今夕は、近くの映画館で評判の映画を鑑賞するという選択肢もある。映像が美しく、プロットも巧みで役者の演技も上々であると言われている。もちろん、映画のチケットを購入する程度の金銭的余裕はある。二つの選択肢を支える理由は、いずれかがいずれかを打ち消すという関係にはなく、また、二つの緊要性が全く同じというわけでもない。そうしたとき、二つは比較不能である。比較不能性は世の中に満ち溢れている。

比較不能な理由によって支えられる複数の選択肢に直面したとき、そのいずれを選んだとしても、その選択は合理的である。どの選択肢も、他の理由によって打ち消されない十分な理由によって支えられているのだから。

適切な理由によって支えられる選択肢が一つだけ（つまり「結論を決定する理由（conclusive reason）」によって支えられる選択肢が存在する）という稀な事態においても、その選択肢を選ぶことに必ずなるわけではない。適切な理由によって支えられる選択肢が一つだけあるというのは、理性の判断である。それは人の意思や感情を拘束するわけではない。理性的に考えればすべきことは一つだという場合でも、そうしたくないということはあるし、結局そうはしないということもあるだろう。

比較不能な理由によって支えられる複数の選択肢に直面したとき、そのいずれを選ぶかを決めるのは意思である。意思は、ときに非合理的な決定をすることもある。適切な理由によって支えられる選択肢が一つだけであるにもかかわらず、それに反する行動をとる決定をすることさえある。人とはそうしたものである。自分がどういう人間かは、そうした選択を通じて徐々に形成される。そうした選択を通じて、人は自分が何者であるかを決めていく。人は自分の人格を部分的には自ら作る。

普遍性を標榜するありがたそうな道徳原理や定言命法は、生きる上での重大な岐路や困難な道徳的選択の場面ではほとんど役に立たない。そうしたものにこだわっていると、むしろ自分が構築してきた人格や無意識のうちに正しい選択を選び取る能力を損なうことになりかねない。

ルソーの一般意思と特殊意思の区別に戻ると、ここで問題とされているのは、意思なのであろうか。むしろ、社会はいかにあるべきか、いかなる社会を目指すべきか、その判断を支える理由が問われているように思われる。

そうではないという反論が考えられる。ルソーは、各人の欲求あるいは選好を問題にしていたというものである。自分はこうありたいという欲求（選好）が特殊意思、社会はこうあって欲しいという欲求（選好）が一般意思である。一般意思を集計すると、社会全体としての一般意思が結果として導かれる――それがルソーの想定である、という反論である。

そうであろうか。社会をこうするべきだという欲求なり選好なりは、なぜ社会はそうあるべきかという理由によって支えられているはずである。適切な理由（十分であり、かつ、他の理由によって打ち消されていない理由）によって支えられていない欲求は、非合理的な欲求であり、それを実現することに意味はない。個人の欲求もそうである。なぜその映画を見たいのか、なぜそのレストランに行きたいのか、それを説明できる理由があるはずである。理由もないのにある映画を見たくてたまらないというのは、精神病の一種であろう。あるべき社会像についても同じである。なぜそうした社会を構築すべきか、その理由がなければならない。理由がなければ、そうした社会の構築を説明する物語もない。理由のない欲求に従うのでは、わけの分からないことをしているだけである。

しかし、欲求や選好と異なり、理由を集計することは意味をなさない。一つの正しい理由は、何名の人が支持しようと、一つの正しい理由である。一つの誤った理由は、何名の人が支持しようとも、一つの誤った理由である。では多数決の手続をとることにどのような意味があるだろうか。

一つの解釈は、異なる理由によって支えられる複数の選択肢に直面したとき、いずれの選択肢が客観的に見て適切な（正当な）理由であるかを判断するために、多数決という手続がとられるというものである。一定の条件が整っている場合には、投票参加者の数が増せば増すほど、単純多数決で客観的な正解に到達する確率が高まるというコンドルセの定理に基づく説明が提示されている（この点については、拙著『比較不能な価値の迷路——リベラル・デモクラシーの憲法理論』〔増補新装版〕（東京大学出版会、二〇一八）第六章参照）。

しかし、適切な理由によって支えられるあるべき社会の姿がただ一つしかないという想定は、あまりにも硬直的で現実離れしているように思われる。互いに比較不能な、それぞれ適切な理由によって支えられた複数の社会像が存在するという想定の方が良識にかなう。政府の活動規模を大きくし所得の再配分機能を高めて人々が平等な暮らしを送ることのできる社会が善いのか、政府の活動を縮減し、富や所得の格差はあっても人々が自由に活動できる範囲を可能な限り確保する社会が善いのか。あるいは、周辺地域全体の安全を保障し得るほどの膨大な軍備を備える社会が善いのか、それとも軍備は自国のみを防衛し得る程度に抑え、経済や文化の発展により力を注ぐ社会が善いのか。全く前提なしの更地で考えたとき、いずれがより善いとも、両者は全く同じ価値だとも言いにくい。比較不能である。

理由のみに基づいてはいずれの判断が正しいかを決めかねるそうしたときでも、いずれをとるかを決定する必要がある。両立し得ない複数の社会像を一つの社会の中で実現することはできない。実現すべき社会は、社会全体として一つに決まっている必要がある。そのために多数決という手続が踏まれる。個人の意思決定にあたる手続である。そうした役割を果たす手続であれば、自分が適切だと考える社会像に反する決定がなされたと考える人の数を可能な限り少なくする必要がある。ハンス・ケルゼンは、単純多数決こそがそうした特性を備えていると主張した（『民主主義の本質と価値』長尾龍一＝植田俊太郎訳（岩波文庫、二〇一五）二三頁参照）。

もっとも、以上のような物語による説明がうまく当てはまるためには、人々に示される選択肢が、いずれも適切な理由によって支えられたものである必要がある。現実の政治においてそうした条件が満たされているかは、事実に基づいて適否が決まる経験的な問題であり、先験的に結論を決めることはできない。

ときには、社会として実現すべき緊要性が結論としても分かり切っている決定を先延ばしにするという選択肢をほとんどすべての政党が提示して選挙戦が遂行されることもないとは言えない。社会として必要であるに決まっている政策の実現が有権者の意に染まないのではないかと恐れて、必要な政策を提示しようとしないこともあるだろう。たとえば、巨額の財政赤字に対処するために、消費税率を上げざるを得ないことは分かっているのに、すべての党がそれを先送りしようとする場合である。非合理的な選択肢のみに直面した有権者は、どの非合理的な政党の候補者を選ぶかという究極の選択を迫られることになる。

民主的に決まったことだから、必ずその通りにすべきだということになるわけではない。適切な理由に対応する能力を備えた、すぐれた政治家を育てることが肝要である。

16　ポワッソンのパラドックス

前回は多数決による社会の決定は、適切にして十分な理由に支えられていなければならないはずだという話をした。今回は、この世の中は集合的決定に関する限り、そう簡単にはできていないという話である。

個人であっても、適切にして十分な理由によって支えられる選択肢があるにもかかわらず、それと異なる不合理な選択をすることはないわけではない。しかし、それは不合理な選択である。他方、集団の場合、理由に関するメンバーの判断を集計した結果とメンバーの結論の集計結果とが整合しないことがある。それは必ずしもメンバーによる不合理な判断や不合理な選択の結果ではない。

集合的決定の結論が、それを支えているはずの理由付けの集計結果と不整合を起こす問題状況は、それを最初に定式化したフランスの数学者、シメオン゠ドゥニ・ポワッソンの名前をとって、ポワッソンのパラドックスと呼ばれる。最近では、法理のパラドックス（doctrinal paradox）と呼ばれることもある。

早稲田大学中央図書館四階にある古書資料庫に収められたポワッソンの著作は、次のような陪審裁判の事例を伝える（Simeon-Denis Poisson, *Recherches sur la probabilité des jugements en matière criminelle et en matière civile* (Bachelier, 1837), p. 21 note)。

ピエールとポール、2人の被告人がある同一の窃盗事件で起訴された。12人の陪審員の結論は3つのグループに分かれた。ピエールについて、最初の4人は有罪、次の3人も有罪、残りの5人は無罪と判断した。ポールについて、最初の4人は有罪、次の3人は無罪、残りの5人は有罪と判断した。ピエールは7対5で有罪、ポールも9対3で有罪である。次に、2人は共犯かどうかが判断された。共犯であれば刑が加重される。2人がともに窃盗に関与したと考える陪審員は4人だけである。したがって、共犯ではない。2人とも有罪なのに。

理由に関する二つの判断からは、二人は共犯であるという結論が導かれるはずだが、結論について多数決をとると共犯ではないとの結論が出る。理由と結論とが不整合を起こす。法理のパラドックスとも呼ばれるのは、次のような設例によって説明されることがしばしばあるからである。一人の被告人について、三人の裁判官が、次のような判断を下したとしよう。

	裁判官A	裁判官B	裁判官C
犯罪を実行したか?	Yes	Yes	No
違法性は阻却されるか?	No	Yes	No
有罪か?	Yes	No	No

個別の論点について多数決をとると、犯罪を実行したことになり、違法性は阻却されない。したがって、被告人は有罪となる。しかし、結論について多数決をとると、被告人は無罪となる。

理由について多数決をとり、その積み重ねで結論を導くべきか、それとも結論についてまず多数決をとるべきか、学説は分かれている。平野龍一はポワッソンのパラドックスの可能性を指摘した上で（「刑事裁判における評決」）、刑事の実体判決では訴因について有罪か無罪かの結論についてまず多数決をとるべきだとする（『刑事訴訟法』二七二頁）。これに対して、兼子一『裁判法』（竹下守夫補訂第四版）は、民事も刑事も「判断過程の論理的順序を追って」理由について多数決をとるべきだとする（三〇七頁）。最高裁判所事務総局総務局編の『裁判所法逐条解説（下）』は、「裁判が主文と理由から構成されていることから考えると、少なくとも、裁判に理由を付するのに必要な限度で、理由についても、評決の対象となると解すべきであろう」とする（八七頁）。裁判員制度の立案にあたった司法制度改革推進本部裁判員制度・刑事検討会の審議においてもこの問題が検討され、理由ごとの評決によって運用されるべきだとの方向性が示されている（平成一五年三月二五日議事録）。

裁判に理由を付する必要がある以上は、判断過程の論理的順序に従った理由ごとの評決が必要だという議論は、なるほどという感じがしないでもないが、結局のところこれは、ポワッソンのパラドックスの可能性に目をつぶろうとしていることにならないであろうか。パラドックスの存在自体は、否定のしようがないのに。兼子一は、理由の積み重ねによって導かれる合議体の結論が各裁判官の個人的な結論の集計とは異なる場合が生じることを認めつつ、「合議体という機構による主観的人格的要素の捨象に基づくもので、奇とするに足りない」と述べるが（前掲書二〇七頁）、パラドックスには目をつぶるという自分の立場をただ繰り返しているだけのようにも思える。理由に関する判断を積み重ねることで、少数派しか賛成していない結論を是認することは、多数派の賛成する結論から逆算して理由に関する判断に再考を加えるより、明らかにすぐれているといえるだろうか。

兼子一の主張と似ているが、ポワッソンのパラドックスの存在は、団体にメンバーとは独立した人格があることの証拠だとする議論もある（Christian List and Philip Pettit, *Group Agency: The Possibility, Design, and Status of Corporate Agency* (Oxford University Press, 2011), pp. 58ff.）。不思議な議論である。不合理な意思決定をする個人は、そのことで二重人格だということになるわけではないだろう。理由と結論に不整合があるからといって、団体に独立した人格があることになるだろうか。

逆にいうと、理由と結論が整合していれば団体の人格は否定され、整合していないときだけ独立の人格が出現するのだろうか。人格の有無に関するこの議論は、パラドックスの存在を言い換えているだけのように思われる。

ポワッソンのパラドックスは裁判の場面でだけ発生するわけではない。ヤン・エルスターは、株式会社の取締役会で、ある投資案件に三人の取締役がどのような判断を下すかという設例を示す（Jon Elster, *Securities Against Misrule: Juries, Assemblies, Elections* (Cambridge University Press, 2013), p. 64）。投資が成功するか否かは、期待される収入を現在価値に割り引いた額（A）から投資額（B）を差し引いた利潤（C）がプラスかマイナスかで判断される。三人の取締役（結衣、真央、樹里）がそれぞれについて次のように判断しているとしよう。なお、取締役会としての結論は、取締役の判断の中央値（median）をとるものとする。

		結衣	真央	樹里	取締役会
A	期待される収入を現在価値に割り引いた額	10	10	13	10
B	投資額	8	11	12	11
C	AからBを差し引いた利潤	2	-1	1	1

ご覧の通りで、利潤の現在値（C）に関する取締役会としての結論（中央値）は1であり、投

資すべきだということになるが、A、Bそれぞれの中央値は10と11であり、そこから導かれる利潤の現在値は-1となる。取締役会は決議に理由を付す必要はないかも知れないが、議事録は作成する必要がある（会社法三六九条三項）。各取締役の見解と決議との不整合を説明する責任を求められないだろうか。

エルスターは別の例（判断の多数決ではなく、選好の多数決の例）として、一七八九年のフランス国民議会（制憲議会）での一院制か二院制かの選択をとりあげる（op.cit., p.65）。国民議会内部は大雑把に言って、ほぼ同数の三つのブロックに分かれていた。反動派、穏健派、急進派である。反動派は政治体制を不安定化させることで絶対王政を復活させようとしている。穏健派は立法府を抑制することで安定した立憲王政を確立しようとしている。急進派は立法府への抑制の少ない立憲王政を確立しようとしている。反動派と穏健派は、二院制は体制を安定させると考えるが、急進派は、二院制は両院の抗争をもたらし、体制を不安定化させると考える。各論点と結論に関する三派の選好は次の通りである。

	基本的選好	二院制への見方	制度の選好
反動派	不安定化	二院制は体制を安定させる	一院制
穏健派	安定化	二院制は体制を安定させる	二院制
急進派	安定化	二院制は体制を不安定化させる	一院制

結果として、反動派と急進派とが一院制を選好し、二院制は否定された。ありそうもない話ではあるが、基本的選好と二院制への見方について多数決をとれば、制度の安定化と二院制は体制を安定させるという結論が得られ、そこから論理的に、二院制が採択されることとなったはずである。

ポワッソンのパラドックスは、集合的理性への信頼を揺るがす。その点では、選好の集積が多数派の循環をもたらすコンドルセのパラドックスより深刻である。しかもこのパラドックスは、容易に発生する。ワイマール共和国やフランス第四共和政のように、反体制派が結託する病理的状況においてのみ発生するわけではない。ポワッソンのパラドックスは、われわれの生きるこの世界の不可避の構成要素である。目をつぶれば存在しなくなるわけではない。

以上のような考察は、狭い意味での憲法学にとっても含意を有する。現在の判例・通説は、日本国憲法下の違憲審査は付随的違憲審査であり、裁判所は、具体的な事件の解決に必要な限りで違憲判断を下すものと考えられている。違憲判断は裁判の結論ではなく、前提問題である。

しかし、合議体の裁判では、法令が違憲だとする合議体の多数派と、事件の結論に関する多数派とが一致する保証はない。そのとき、必ずポワッソンのパラドックスが発生しているわけではない（発生しているかも知れないが）。しかし、違憲だとする多数派と結論に関する多数派とが食い違っているとき、結論から逆算して、合憲・違憲の判断が再考されてはいないだろうか。それがつねに不適切だというわけではないが、その可能性には注意すべきように思われる。

関連して裁判所法一〇条は、最高裁が「法律、命令、規則又は処分が憲法に適合」しないと認めるとき、つまり違憲判断を下すときは、大法廷で事件を取り扱う必要があるとする。違憲判断が下された数少ない従来の先例を見ると、いずれの裁判においても、主文で示される事件の最終的な処理（上告を棄却するか、事件を原審に差し戻すか等）に関する八人以上の多数派の意見の中で、違憲判断が示されている。

しかし、繰り返しになるが、ある国家行為が違憲か否かに関する多数派と主文の内容に関する多数派とが食い違いを起こす可能性は否定できない。とすると、事件の最終的な処理に関する結論について多数派が構成された場合にのみ、しかもその多数派の意見の中においてのみ、憲法判断が示されるべきだと考えるべき根拠はあるだろうか。事件について異なる結論をとる裁判官の間でも、ある法令が違憲だという点については、八人以上の多数派が形成されることもあるはずである。

実際、最高裁判所裁判事務処理規則九条三項後段は、小法廷から大法廷に審理が移された際、問題となる国家行為が違憲か否かに関してのみ審理及び裁判をすることを妨げないとし、その場合、その他の点については（主文の内容を含めて）小法廷で審理及び裁判をすると定めている。こうした処理をすれば、大法廷内部における憲法問題と結論とでの多数派の食い違いの表面化を回避することはできる。それ（だけ）が目的の規定であるか否かは別として。

以上のような諸点を考慮すると、下級審の裁判所で新たな憲法問題が具体的事件解決の前提問題として浮上したとき、その論点についてのみ最高裁に移送して判断を仰ぐ制度を設営することも、十分に考慮に値するように思われる。具体的事件の結論に関する多数派と違憲判断に関する多数派とを必ずリンクさせなければならないわけではない。

具体的事件の解決に必要な限り、といわれる場合の「必要」性の内容と程度については、もう少し詰めて考える必要がありそうである。

＊本稿の作成にあたっては、井上正仁、酒巻匡および長谷部由起子の三教授から甚大なるご教示を得た。ここに記して謝意を表する次第である。なお残るであろう誤りの責任は、誤りなく筆者にある。

17 法人は実在するか？ それを問うことに意味はあるか？

H・L・A・ハートは、フレデリック・メイトランドの法人観について、「なぜ彼がリアリストと呼ばれるのか、なぜ彼が解説したギールケの教説を承認したと考えられているか、理解できない」と述べる。ハートによれば、メイトランドは、法人が「擬制であるとか、多数人の集合の呼び名だとする理論は『事実を歪める（denatured the facts）』ものと確信していたが、法人が実在するか否かについて、最終的な結論は留保している（H. L. A. Hart, 'Definition and Theory in Jurisprudence', in his *Essays in Jurisprudence and Philosophy* (Clarendon Press, 1983), p. 37）。ハートがわざわざこのように述べるのは、メイトランドをギールケ流の法人実在論者だとする学者が少なくないからである（cf. J. A. Mack, 'Group Personality — A Footnote to Maitland', *Philosophical Quarterly*, Vol. 2, No. 8 (1952), p. 249）。

メイトランドは、ギールケのドイツ団体法論（*Das deutsche Genossenschaftsrecht*）の第三巻から Die publicistischen Lehre des Mittelalters の章を翻訳し、著名な訳者解説を付して刊行している（Otto Gierke, *Political Theories of the Middle Ages*, trans. Frederick William Maitland (Cambridge University Press, 1900)）。メイトランドがギールケの団体・法人論に好意を寄せていたことは確実である。しかし、メイトランドは自説を声高に主張する学者ではない。史料が裏付ける事実、他の学者が説く内容等を、判明する限りで控え目に述べる学者である。ギールケと同様に、法人にそれ自身の意思や精神があるとメイトランドが信じていたことを確証する、彼自身の言明は存在しない。むしろ彼は、彼の法人論の到達点を示したと言われる論稿において、「哲学は私と関係がない（no affair of mine）」と予防線を張る（'Moral Personality and Legal Personality', in F. W. Maitland, *State, Trust and Corporation*, eds. David Runciman and Magnus Ryan (Cambridge University Press, 2003), p.71）。

Moral Personality and Legal Personality で彼が述べているのは、法的な理論や観念は、長期的には、社会通念（moral sense or moral sentiment of the people）と合致している必要があり、したがって、法人は単なる擬制に過ぎないとか、国家が法人格を特許することではじめて法人は誕生するし、国家は自由にそれを撤回することもできる等といった典型的な法人擬制説の立場は、維持できないということである。以下、この論文の内容を見て行こう。

法人をめぐる理論の変化を見るとき、イギリスの歴史は参考にすべきではないとメイトランドは言う。イギリス人は、出発点とするには、あまりにも論理的でなさすぎる。出発点としてふさわしいのは、フランスである（p.66）。王制下のフランスは、個人と国家の間に割り込む媒介物を粉砕し、無に帰そうとしてきた。絶対国家と絶対個人を対峙させるこうした企図は、革命へと受け継がれる。結社の自由が認められるには、二〇世紀初め（一九〇一）を待たねばならなかった。

フランスを含めたヨーロッパ各国は、一九世紀の経験を通じて、以下のような結論へと到達した、とメイトランドは言う。(1)人々が永続的な団体を組織することが適法である限り、そうした団体は社会通念上、権利義務を担う主体である、(2)団体の人格は純粋に法的な現象ではなく、国家が強制的に団体を解体するのであればともかく、その存続を許容している限り、国家は団体が人格を担うことを認めざるを得ない、(3)社会通念上は、団体は人（person）である（p. 68）。

メイトランドによれば団体は人であり、n人の構成員が団体を組織すれば、そこにはn＋1人が存在する。もちろん、生身の個人と全く同じ意味で人であるわけではない。法人が婚姻することはないし、嫡出子として出生することもない（p. 63）。それでも団体は実在する。唯心論者にとっても街灯（lamp-post）が実在するのと同じ程度には（p. 69）。街灯を物理的に解体することはできる。しかし、街灯として機能している以上、街灯は街灯として実在する。黙りこくってはいるが。

以上のようなメイトランドの行論からすれば、彼が法人（団体）の実在性について結論を留保しているというハートの言明は、控え目に言っても不正確である。メイトランドは、典型的な法人擬制説は誤りであるとし、団体は人格を担い（人であり）、それは実在する（real）と明確に述べている。ギールケと同じように、団体自体に意思や精神が備わっているとは、彼は明確に述べてはいない。しかし、アイロニーに富み、極度に控え目な文章表現に巧みなメイトランドに、ことばの表面上の意味のみを帰すことには、逆のリスクがある。アーネスト・バーカーやデイヴィッド・ランシマンのように、メイトランドをギールケと同じ意味における法人実在論者として扱うことが、公正でないとまで言い切ることは難しいであろう。

ところで、ハートの意図は必ずしもメイトランドの立場を擁護することにあったわけではない。彼は、メイトランドのことを in his greatness とか言って持ち上げておきながら（op. cit., p. 37）、実際にはメイトランドを法人実在論者として扱い、その議論を反駁しようとしている（イギリス人は、全くもって食えない）。

ハートが取り上げるのは、メイトランドが Moral Personality and Legal Personality の中で描く Nusquamia という仮想の国家の物語である。メイトランドは次のように言う（op. cit., pp. 70–71）。

> 他の多くの主権国家と同様、Nusquamia は借財をする。あなたが債権者の一人だとしよう……さて、問題は次の通りである：あなたに借財をしているのは、結局のところ、誰なのだろう。Nusquamia だ。結構、そうだとしよう。しかし、あなたは Nusquamia があなたに借財しているというこの命題を、具体的に実在する特定の諸個人に義務を課す命題へと変換することができるだろうか。それは難しいだろう。Nusquamia のすべての国民が、あなたに小額の借金をそれぞれしているとは、あなたは考えないだろう。誰もそうは考えない。ヴェネズエラの借財をその辺りのフラノとかズタノとかが負っているわけではない。彼等が集合的に（collectively）に借財を負っていると言い換えても、事態はさして改善しないように思われる……ゼロはいくら集めてもゼロである。

ハートによれば（op. cit., pp. 38–39）、メイトランドは問題の設定の仕方を間違えている。「Nusquamia があなたに借財を負っている」とき、実際にあなたに借財を負っているのは誰なのか。それを問うのは、「試合を取りこぼした」と言われたとき、「あなたは一体何を取りこぼしたのか」と訊くようなものである。強いて問われれば、Nusquamia だと答えるしかない。取りこぼしたのは「試合」だと答えるしかないように。それでは、その言明の理解に全く役立たない、それはその通り。

こうした言明を理解する上で Nusquamia とか、「試合」とかという個別の概念が何に対応するかを訊ねることは、無駄である。対応するものは実在しないから。むしろ、ジェレミー・ベンサムにならって（Jeremy Bentham, *A Fragment on Government*, eds. J. H. Burns and H. L. A. Hart (Cambridge University Press, 1988), p. 108）、言明全体を別の言明に置き換えるパラフレーズ（paraphrasis）を行なうことで、言明の意義を解明すべきである。そうした変換を通じて、Nusquamia の法秩序において Nusquamia の名において借財をする権限を与えられているのはどういった人々なのか、借財を償還するために一定の金額を支払うよう法によって義務づけられているのは、どういった人々か、そうした諸ルールの組み合わせを前提として、それをあなたの事例に適用すると、どのような法的結論が得られるのか、そうした法的結論の妥当性を支える具体的諸条件は何か、それを検討すべきである（そうした法的結論は、真であったり偽であったりするだけでなく、「宣言」され「主張」

され「警告」されたりすることで、さまざまな言語行為としても作用する)。

権利とは何か、義務とは何かを、この世界における対応物を探索することで解明しようとすることが意味をなさないのと同様(そんな対応物はこの世界には実在しないから)、法人とは何か、国家とは何かを、この世界においてそれらの概念に対応するものは何かを探索することで解明しようとすることは意味をなさない。そんなものは実在しないから。

わざわざ注意するまでもないことかも知れないが、ハートが言っているのは、たとえば法人に表現の自由があるという言明は、法人の個々の構成員や従業員に表現の自由があるという言明に還元できる等といった妙な議論ではない。法人の権利・義務に関する言明の意味ははるかに複雑であり、かつ、構成員や従業員の権利・義務に関する言明の連言よりも、はるかに事態を単純かつ一貫したものとして記述することができる。関連する多様な法的ルールの組み合わせに言及することなく、法人に関する言明を個々の構成員や従業員の権利・義務に関する言明に変換すれば、事態を大きく歪めて記述することになる(op. cit., p. 41)。

いたずらに謎を呼び起こしたり、変てこりんな単純化をしたりすることをやめて、法律家が回答できる問題(群)へと言明を再定式化し、実定的な法秩序に即して、どのような条件の下で特定の結論が妥当すると言えるか、それを回答する。法律学がなすべきことはそれである。法人は、国家は、実在するのかしないのか、その問題に関する社会通念は何なのか、それらは無用な、答のない問いである。

もちろん、株主の責任制限に関するルールをそのまま具体的状況に適用することが、社会通念に反することはあり得る。会社の実質的経営者が大株主であると同時に、ただ一人の担保付社債権者でもあり、その実質的経営者が他の一般社債権者の利益を損なう形で会社を清算することが、社会通念に照らして許し難いということもあるだろう。そのときは、そうした状況にあてはまる社会通念——正義の観念——を考えれば足りる。会社が実在するか否かに関する一般的な社会通念は（そんなものがあるとしても）役には立たない。

ハートも、たとえば団体の構成員に共通の社会的目的や利益がある（実在する）ことを否定しはしない。だからこそ、団体は組織される。しかし、だからと言って、団体が生身の人間と同じ（あるいは近い）意味で人格を本来的に備えているか否かを問うことに意味があることになるわけではない。意味があるのは、どのような条件が整えば、われわれは人々の集合が単なる烏合の衆ではなく、そこに人と類比し得る団体（教会、学校、国家等）があるかのように言ったり考えたりするか、それを問うことである（op. cit., p. 43）。自分が属する団体の共通の目的や利益がとてもとても大事だ、と考える人たちにとっては、本来的な人格の存否は重要に見えるのかも知れない。しかし、それは答のない（あり得ない）問いである。

そんな問いにかかずらうのはやめて、答の存在する、答えられる問いへとわれわれの関心を集中させるべきだ。それが、ハートのメッセージである。

18　統治権力の自己目的化と濫用

モーシェ・ハルバータルとスティーヴン・ホームズの共著『政治のはじまり』（Moshe Halbertal and Stephen Holmes, *The Beginning of Politics: Power in the Biblical Book of Samuel* (Princeton University Press, 2017)）は、第二章で『サムエル記』が伝えるノブの大虐殺を分析する。

イスラエルの王サウルは、自身の女婿であり側近の武将でもあったダビデが王位をうかがおうとしているのではと疑い、その命を奪おうとする。ダビデはサウルの息子ヨナタンとサウルの娘ミカルの助けで危うく難を逃れ、ノブに住むヤハウェの祭司アヒメレクを訪ねる。供も連れずただ一人であらわれたダビデをアヒメレクは不安げに迎え、なぜ一人なのかと問う。ダビデは、王サウルの密命を帯びて急遽出立したと嘘をつく。供とはこれから落ち合うところだが、何か食糧はないか、武器はないかと訊ねる。お供えものの聖別されたパンはある、ダビデがかつて討ち倒したペリシテ人ゴリアテの帯びていた剣ならあるとアヒメレクは答える。ダビデはお供えのパンとゴリアテの剣を得て、逃亡の旅を続ける（I 19: 1 – 21: 10）。

他方、被害妄想にとりつかれた王サウルは側近の臣下に、なぜおまえたちは共謀して自分に背くのか、なぜヨナタンとダビデが契約を結んだことを誰も自分に告げないのか、と当たり散らす。しかしサウルは、そもそもイスラエルの王になりたくてなったわけではない。サムエルが民をミツパに集め、くじによってまず部族を、そして氏族を選び、最後にサウルを王として選んだとき、サウルは荷物のかげに隠れていた（I 10: 22）。

しかし、イスラエルの民をペリシテ人をはじめとする周辺の敵対者から守るため、民に望まれ、心ならずも王に選ばれたサウルは、次第に王の地位に恋々としはじめる。ダビデが巨人ゴリアテを討ち倒して戦いを勝利に導いたのち、人々が「サウルは千を討ち、ダビデは万を討った」と喜び歌うのを聞いて、サウルは怒りに燃え、「ダビデには万を当て、私には千を当てる。彼に与えるとすれば、あとは王国だけだ」と言い放つ（I 18: 6–8）。民の幸福と安全を保障する手段であるはずの王位が、被害妄想と猜疑心にさいなまれたサウルにとっては自己目的化し、人民や臣下はもちろん自身の息子や娘にいたるまで、手段としてはならないものまでが、王位を保つための手段と化す。権力は私物化され、権力者はその虜となる。

側近の部下に対してまで、自分の地位をダビデに渡すために共謀しているのかと尋ねるサウルに情報をもたらしたのは、エドム人、つまり異邦人のドエグであった。彼は、祭司アヒメレクがダビデに食糧を与え、ペリシテ人ゴリアテの剣をも与えたと告げる。アヒメレクはダビデに騙されてそうしたのだが、ドエグはあたかもアヒメレクがダビデと共謀しているかのように語る。これでサウルの猜疑心は、側近の臣下から、ノブの祭司アヒメレクへと向かった。

サウルは、アヒメレクだけでなく、彼の一族すべてを呼び出し、なぜダビデと共謀して自分に背いたかとアヒメレクを詰問する。

アヒメレクは、ダビデに騙されたと答えることもできたはずである。しかし彼は、ダビデがサウルの臣下の中でも最も忠実で一族の中で最も尊敬されている人物であることを指摘する。サウルとダビデとが反目していることについて、彼が一切何も知らなかったのも当然である。ダビデに対して強い猜疑心を抱き命を狙うサウルを暗に批判する応答である。

サウルは激怒し、アヒメレクだけでなく、彼の一族すべては死ななければならないと言い、護衛の者たちにダビデと手を握るヤハウェの祭司どもを殺せと命ずる。しかし、臣下たちは祭司に手を出そうとしない（I 22: 17）。

ハルバータルとホームズは、ここに権力のある普遍的な特質があらわれていると言う（Halbertal and Holmes, op. cit., p. 75）。あらゆる統治者と同じく、サウルも臣下の協力を必要とする。王がその命令を執行させるには、現場で武力をふるう執行者にとって、王の命令が正当性を帯びるものでなければならない。直接に実力を行使する部下が一致して協力を拒むとき、王の命令はもはや命令として機能しない。アヒメレクは同じイスラエル一族の司祭であり、神に仕える者である。また、たとえアヒメレクがダビデと共謀していたとしても、彼の一族がすべて殺されねばならないのであろうか。

部下の抵抗に直面したサウルは、ドエグに、おまえが祭司どもを討てと命令する（I 22: 18）。ドエグは異邦人である。アヒメレクもその一族も、ドエグにとって同胞ではない。支配する人民の信頼を失った統治者にとって頼りとなるのは、異邦人の傭兵である。ドエグは祭司八五人を殺し、さらに祭司の町ノブを襲って、男女を問わず、子どもや乳飲み子にいたるまでを刃にかけた。家畜も同様に皆殺しである。同胞であることを信頼の証となし得ないドエグにとって、王のおぞましい命令を忠実に執行することこそが、自身の身を守ることになる。臣下の信頼を失った王と同胞を頼りとなし得ない異邦人の傭兵とは、大虐殺において密接な共犯関係に立つ。その結果、王と傭兵とはさらに自分たちを孤立させることになるのだが。

アヒメレクの息子エブヤタルだけが難を逃れ、ダビデのもとに走り、サウルによる祭司たちの虐殺について知らせた。ダビデのことばは奇妙に冷静である。私があなたの父の家の者全員を死なせてしまった、私の命を狙う者は、あなたの命をも狙う、私と一緒にいれば、あなたは安全だと、ダビデはエブヤタルに言う（I 22: 22–23）。

『サムエル記』の描くサウルは、何を考えているのか、怒っているのか、悲しんでいるのか、恐れているのか、その心理が手にとるように分かりやすく描かれている。ダビデは違う。何を考えているのか、よく分からない。ダビデはアヒメレクとその一族の死について、自らの犯した非を悔やんでいるのだろうか。それとも、サウルが自分の命を狙っている以上、こうなるのも仕方のないことであり、エブヤタルにとって最も安全な途は、自分と行動をともにすることだと、ただ客観情勢を分析し、将来を予測しているだけなのだろうか。

ダビデはサウルの追及の手を逃れるため、ペリシテ人の領主アキシュの下に身を寄せる。しかし、ペリシテ人の他の領主たちはダビデを信頼せず、ヘブライ人との戦いに彼が加わることに異議を唱える。この男は、サウルは千を討ち、ダビデは万を討ったと人々が踊り、歌い交わしたあのダビデではないか、と領主たちは言う。アキシュはダビデに帰るようにと命じ、こうしてダビデは、ギルボアの地でのサウルとの最後の決戦に臨む定めを逃れた。

イスラエル軍はペリシテ人とのギルボアの戦いに敗れ、ヨナタンを含むサウルの息子たちは戦死し、サウル自身も自決する。サウルの死の知らせをダビデのもとにもたらしたのは、アマレク人の男である。彼は、褒賞をもらえると信じたのか、瀕死のサウルを自ら手にかけたとダビデに告げる。それに対してダビデは、ヤハウェの油注がれた者を手にかけるとはなにごとかとなじり、従者にその男を殺させる。「おまえの血は、おまえの頭上に降りかかれ。おまえ自身の口が、『私はヤハウェの油注がれた者を殺した』と自分に不利な証言をしたのだ」とダビデは言う（II 1: 1–16）。

サウル本人のことを思っての判断であろうか。ダビデ自身、サウルを見放したサムエルにすでに油を注がれている（I 16: 13）。サウルと異なり、ダビデは自身に対して疑いを抱いているようには見えない。しかし、いったん王となったとき、その地位を守る必要があることに変わりはない。サウルを殺害した（と自ら証言する）者をダビデが死刑に処すことは、ダビデ自身がサウルの死に関与していないことを宣言することであると同時に、将来のダビデ自身を守ることにもなる。自らのかつての主君であり、義理の父親であるサウルを心から悼んでのことなのか、それとも自身の潔白を世間に向かって示し、しかもこれから王位に就く自身を守るための演技なのか、解釈の分かれる点である（Halbertal and Holmes, op. cit., pp. 48–50）。そもそも、ペリシテ人の領主たちの反対がなければ、彼自身、サウルとヨナタンの軍勢と戦わざるを得なかったはずである。彼にサウル落命の責任がないのは（本当にないのか?）、たまたまの事情による。

バト・シェバの夫、ウリヤの死に関しては、ダビデの責任は明白である。王となったダビデはヨアブに全軍を率いさせ、アンモン人との戦いに送り出した。ダビデ自身は、エルサレムにとどまった。ある日、ダビデが王宮の屋上を散策していたところ、美しい女が水浴びをしているのが見えた。ヘテ（ヒッタイト）人ウリヤの妻、バト・シェバである。ダビデは使いの者を立てて彼女を召し入れ、共に寝た。帰宅したバト・シェバは、子を宿したと知らせてきた（II 11: 1–5）。

ダビデはもみ消しをはかる。彼はヨアブに、ウリヤをエルサレムに寄こすよう命ずる。帰還したウリヤにダビデは戦況を尋ねたのち、自宅に帰るよう命ずる。ところがウリヤは、王宮で家来たちと共に眠り、自宅に帰らない。なぜ帰らないかと訊くダビデに、ウリヤは、神の箱もイスラエルもユダも戦場で野営しているとき、自分だけが家に帰って飲み食いし、妻と寝ることはできないと答える（II 11: 6–11）。至極まっとうな（まっとうにすぎる）答えである。

ダビデはさらに邪悪な策を弄せざるを得なくなる。戦場に戻るウリヤに、彼はヨアブ宛ての書簡を持たせる。書簡には、ウリヤを前線に送り出した上で全軍を引き上げさせろ、そうすれば彼は死ぬであろう、と記されている（II 11: 15）。ウリヤは自身の死刑執行令状を持参したことになる。ダビデは自らウリヤに手をかけようとはしない。彼は戦場から遠く離れた、安全な王宮にいる。ウリヤを殺すのはアンモン人である。そうした状況を作るのはヨアブであり、彼の指揮に従う軍である。指令と事態の連鎖の中で因果は分散され、誰が何に責任を負うかは不分明となる。「私がウリヤを殺したこと、それは一切ないわけであります」というわけである。

ヨアブはダビデの命ずる通りにはしない。ウリヤ一人を前線に残し、全軍を引き上げさせれば、軍の長であるヨアブがウリヤ一人を意図的に見殺しにしたことが誰の目にも明らかとなる。ヨアブは自ら軍を率い、敵の城砦近くまで、それも守りの堅いことが分かっている場所へと軍を進める。城砦からの激しい応戦により、ダビデの兵は倒れ、ウリヤも死んだ。いかに忠実な部下にも、命令の執行にあたっては裁量の余地が残る（Halbertal and Holmes, op. cit., p. 89）。自らも前線に向かいリスクを背負うことで、ヨアブは軍の信頼を失うことなく、王の望む結果をもたらした。

ヨアブは使者を立ててダビデに戦況を報告させる（II 11: 19–21）。彼は使者に、報告を二段階に分けるよう指示する。まずわが軍が城砦に接近して戦い、その結果、味方の兵に死者が出たことを報告せよ。それを聞いて王が怒り、なぜそんな危険な戦術を選んだかと問い糺したら、つぎにあなたの家来、ヘト人ウリヤも死にましたと報告するように。

家来はしかし、王に一挙に結果を報告する。敵はわが軍より優勢であったが、それをわが軍は城壁まで押し返した。そのとき敵の射手が城壁から矢を射かけ、わが兵に死者が出て、ヘト人ウリヤも死んだと（II 11: 23–24）。ヨアブのように報告を二段階に分ければ、不必要にダビデの怒りを買う上に、ウリヤの死をダビデが望んだことに勘づいていることを暴露することになる。ここでも忠実な部下は、自分の身を守るため、命令の執行にあたって裁量を行使している（Halbertal and Holmes, op. cit., p. 93）。

これに対してダビデは、戦場では剣はどちらの側にも向かうものだ、心配しないようにとヨアブに伝えよと答える（II 11: 25）。ウリヤの死の責任は誰にもない。戦場では敵味方関係なく、誰かが死ぬものだ。ウリヤもたまたま死んだ。彼の巻き添えとなったイスラエルの兵の死も、誰の責任でもない。戦争のリアルな面を指摘することで、自身の悪事を隠蔽しようとしているのだろう。ダビデが何を考えているのか。悔やんでいるのか、ホッとしているのか、怒っているのか（誰を？）、恐れているのか、ここでも分からない。

バト・シェバの喪が明けたとき、ダビデは彼女を召し入れ妻とした。彼女は子を生んだ（II 11: 27）。ダビデの一連の行動は、王宮内部および一族の間でのダビデの道徳的権威を失墜させた。その後起こった、長子アムノンによる妹タマルの強姦、タマルの兄アブサロムによるアムノンの暗殺、さらにはアブサロムの叛乱と敗死は、ダビデの権威失墜と一族に対する統制力喪失の帰結である（Halbertal and Holmes, op. cit., p. 111）。

＊『サムエル記』のテキストについては、旧約聖書翻訳委員会訳『サムエル記』（岩波書店、一九九八）および Robert Alter, *The Hebrew Bible*, vol. 2, Prophets（W.W. Norton & Company, 2019）を参照しました。

19 クリスティン・コースガードの手続的正義

クリスティン・コースガードは、二〇〇九年の著作『自己構成』（Christine Korsgaard, *Self-Constitution: Agency, Identity, and Integrity* (Oxford University Press, 2009)）の第七章で、プラトンの議論に即しつつ正義にかなった国家について論じ、プラトンの言う「正義」は、純粋手続的正義に帰着すると結論づける。この結論には若干のニュアンスを加える必要があるように思われる。

コースガードが素材として扱うのは、『国家篇』第四巻でソクラテスが展開する議論である。ソクラテスは、正しい心を備えた正しい人は、正しい国家になぞらえることができると言う。人の心に備わるものは、国にも備わる。正しい人の心のありようは、正義にかなう正しい国のありようと比較可能である。

コースガードがこうした議論を取り扱うまでには、準備作業がなされている。彼女は、人が行為するとはどういうことかという問題を検討する。人は動物とは異なる。動物は、その感覚を通じて追いかけるべき食べ物、逃げるべき捕食者、仲良くすべき同類、育てるべき子どもを把握する。何が食べ物であり、捕食者であり、仲良くすべき同類であるか等は、彼の本能を通じて直感的に把握できる。彼にとっての世界は、彼の本能を通じて目的論的に構成されている。ハリネズミであれば、彼に備わったハリネズミとしての本能——ハリネズミ性——を通じて、世界は彼がハリネズミとして生きていくべき環境として把握され、その世界をハリネズミは生きる（*Self-Constitution*, 5.6, 6.1）。

人は動物とは異なる。人には自意識がある。食べ物（らしきもの）が目の前に現れても、自動的に手を伸ばして口に入れることはない。食べ物であることが把握できても、食べていいのだろうか、という判断の過程が介入する。本能に基づいてすべてが予め意味づけられている動物と異なり、彼には思考の過程が備わる。おいしい食べ物を食べたい、美しい異性と仲良くしたい、憎らしい奴を殺してやりたい等は、彼にとって可能な選択肢としてのみ姿を現す。いずれの選択肢をとるべきか、その結論は理由に基づいて決定される。いかなる理由に基づく決定であるべきかは、カントの言う定言命法の要請によって方向づけられる。当該状況に置かれた者であれば誰であれ、そうした行動をとるべきだ、という格率を受け入れることが万人にとって可能であるような、そうした格率に基づいて結論は下されるべきである（そうした格率が必ず一つに定まるわけではないが）。

動物が本能によって予め構成されているのに対し、人はどのような人として生きるかを自身の行動を通じて決めていく。人は自己構成的である。実践的推論の結論は行為（実践）である。彼の遂行する行為が、彼が何者であるかを決める。行為するとき、人は自身を世界を変える原因とする。動物と異なり、人はそのことを意識する。責任を含めて（*Self-Constitution*, 6.2–4, 9.1）。

人の判断過程の構造をさらに検討するのが、『自己構成』第七章の内容である。コースガードはまず、人の内心の過程に関する闘争モデル（combat model）を紹介する（*Self-Constitution*, 7.1）。このモデルによると、人の内心には情緒と理性とがある。情緒と理性とが抗い、理性が打ち克てば、人は理性的に振る舞う。

コースガードは、このモデルは理解不能だと言う。理性が打ち克つとき、人は理性と一体化しているというのであろうか。それとも、対立する諸力の全体が自分自身なのであろうか。後者であれば、そこにその人自身は存在しない。前者であれば、人は理性そのものなのであるから、その人が理性と情緒の対立をいかにして裁定し得るのか、理解不能となる。

彼女が代わりに招じ入れるのが憲法モデル（constitutional model）である。その原型を描いているのは、ソクラテスだと彼女は言う。『国家篇』に登場するソクラテスによると、理想の国家は三つの部分からなる。第一に法を定め、治安を維持し、対外関係を処理する支配者がいる。第二に、支配者を補助する兵士や警衛者、つまり補助者がいる。第三に社会生活に必要な物資やサービスを提供する農民や職人たちがいる。理想の国家のありようは、これら三つの部分それぞれの特質と相互関係に依存する。国家の知恵は、支配者層が担う（428b–429a）。支配者層は、何よりも国全体の福利の実現を目指す。国家の勇気は補助者が担う。補助者は、国家の自律（自由）を失うことを何よりも恐れるよう馴致されている（429a–430c）。誰がいかなる役割を担うべきか、誰が支配し、誰が支配されるべきかが定まっていること、誰もが自分の役割を適切に果たし他者の役割に干渉しないことが、国家の適制（*sophrosyne*; moderation）の意味である（433a–434d）。

ソクラテスは、人の心にも同様に三つの部分があると言う。欲望と思惟（理性）、そして気概（spirit）である。同一のものが同時に相反する働きをすることはない（436b–c）。欲望と思惟とが異なる行為を志向するのであれば、それは異なる二つの部分として区別する必要がある。人の志向をすべて単一のものへと還元すること、たとえば現代の経済学や社会科学がそうするように、自己の効用の最大化という単一の目標に還元して説明しようとすることは、人をコンピュータか動物として――自己の効用最大化という目標に即してこの世界のすべてが目的論的に、その手段か障害として把握される存在として――扱っていることになる（そのように見える人はたしかに存在するが）。そこに理由に基づいて判断し、決定する人自身の存在は想定されていない。しかも、なぜ自己の効用最大化が人の目指すべき究極の目的であるかについて、説明がなされるわけでもない。

人が渇きや飢えに突き動かされるときも、人の心は直ちにその欲望を見たそうと自動的に行動するわけではない。自分の中に、そうして善いのだとうなずく何者かがいる（437c）。心の中の三つの部分は、たとえば、(1)飢えから何かをしようと欲望が提案し、(2)理性がそうすべきか否かを判断し、(3)気概がその判断を行動に移す、という三つの段階をとる。肝心なのは、三つの部分が統一的に行動すること、一つの統一体、つまり自分自身として行動することである。

コースガードがなぜこのモデルを憲法モデルと呼ぶかが、だんだんと分かってくる。国家は多くの人々の集まりから構成される。国家が国家として行動するには、その憲法に即して提案と決定がなされ、しかるべき機関が行動に移す必要がある。国家としての統一性が保持され、行動の国家への帰責（attribution）が可能でなければならない。

同じように、人が人として行動するには、国家になぞらえることのできる憲法が、その人にならなければならない。ソクラテスは、自制（克己）について、「おかしな言い方だ」と言う（430e）。自分に勝った者は、同時に自分に負けた者でもあるはずで、勝った者が同時に負けた者だということになる。しかし、同一のものが同時に反対のものであることはないはずである。

これは、憲法による国家の自己拘束という観念に対して提起される疑問に似ている。自分が自分を縛っているだけなら、自分の判断で戒めを解くこともできるはずではないか。しかし、イェリネク、オーリウ、ケルゼン等、多くの法学者が指摘するように、そこで言われているのは、国家が国家として行動するには、憲法によって法秩序が整合的に構成されていることが不可欠の前提となるということである。拘束される国家と別に拘束する国家が存在するわけではない。

同じように、自己抑制の効いた人、いろいろな事情をバランスよく判断し行動できる人は、自分の欲望を意識化し、定言命法の指導の下で普遍的な格率により根拠づけられるか否かに基づいて、欲望の提案を受け入れるべきか否かを判断し、それを覇気に基づいて行動に移すことのできる人、つまり、自分自身の憲法（人格）に基づいて心の各部分を統一して行動できる人である。

人が最終的に理性に基づいて結論を下すとしても、それは人が理性と一体化するからではない。憲法が理性にそうした役割を与えているからである。

そのためには、人の心の各部分が、それぞれの役割を心得て、他の部分の役割に干渉しないことが肝心である。同じように、国家についても、各部分がそれぞれ「自分の仕事をして、余計なことに手出しをしない」ことが正義であると、ソクラテスは言う（433a-e）。自身の職掌を誠実に遂行し、他の国家機関の権限に干渉しないことこそが、憲法を遵守することであり、正義を実現することである（*Self-Constitution*, 7.3）。

ここまでのコースガードの立論は分かりやすい。賛成するか否かはともかく理解可能である。分かりにくくなるのはこれからである。正義は、手続的正義と実体的正義に区別される。正規の手続を踏んだ上で到達した結論だから従うべきだというのは、手続的正義の話、内容が正義にかなっているからその通りにすべきだというのは、実体的正義の話である。国家の各部分がそれぞれの職掌を誠実に遂行し、他の部分の権限に干渉しないこと、権限の濫用・逸脱に及ばないこと、それは手続的正義ではあるかも知れないが、実体的正義が忘却されているのではないか。国家が統一的に行動しさえすれば、国家としての行動と言い得るものが実現すれば、それでよいのか。

コースガードはこうした疑問に対して、実体的正義の問題は、結局は、手続的正義の問題に還元されるのだと言う（Self-Constitution, 7.4）。つまり、すべては純粋手続的正義の問題である（彼女はロールズの弟子である）。理想的な手続を組み立てれば、その結論は必ず正しい。実体的正義の問題が残るはずだという主張は、より理想的な手続を踏んだ場合の結論とは異なるはずだという主張に等しい。理想的な手続、つまり理想的な憲法にしたがって到達した結論は、そのこと自体によって正しい。そして理想的な憲法は、国家を真に一つにする憲法、行為主体としての統一性を完璧に実現する憲法である。

彼女のこの主張は分かりにくい。彼女は、すべては純粋手続的正義の問題として取り扱われるべきだ、たとえ到達すべき結果が手続とは独立に定義され、それを我々が承知している場合でさえもと言う。しかし到達すべき結果が手続とは独立に定義され、それが知られているのであれば、定義上、それは純粋手続的正義ではない（ロールズ『正義論』第一四節参照）。

国家の行為として意味づけられるためには、とにかく手続に従う必要がある。手続を踏んでとられた行為であって、はじめて統一的に行動する国家の行為とみなされるということであろうか。しかし、それで手続とは別に定義される実体的正義の問題が消えてなくなるわけではない。たとえソクラテスが、国家の統一性こそが到達すべき目標だと真摯に主張していたのだとしても（彼は、真摯かどうかが判別しがたい語り手である）。

しかも、国家の各機関がなすべき判断の考慮要素の中には、実体的正義が憲法によって予め組み込まれていることが普通である。日本国憲法をはじめとする各国憲法の権利宣言は、現に存在する実定法を超えて（例外的に）訴えかけられるべき道徳の存在を示している。実定法が違憲であるという裁判所の判断は、少なくともこの事案の解決にあたっては、実定法ではなく、道徳に基づく結論が示されるべきだという判断である。その結論は国家としての行為である。

コースガードもそれを否定するはずはない。人としての統一的行為が定言命法の要請の枠内にある格率に基づいて理由づけられていなければならない以上、国家としての統一的行為についても、道徳格率の縛りがあることは当然である。すべてが自国が世界最強になるための手段でしかない国家、そうした目標に基づいて世界全体が目的論的に構成されている国家、他国を平等な存在として認めず自国にとっての手段か障害としてしか捉えない国家は、たとえ統一的な行動をとったとしても、正義にかなった国家ではない。それは自律的な国家でさえない。本能に支配された動物と同じである。他者を目的としても捉える人が正しい人であるように、他国を対等なそれ自体、目的となる存在、自身の行動を自律的に判断する存在として捉える国家のみが、正しい国家である。

国家としての統一性の意義を強調するあまり、誇張した言い方がなされたのであろう。すべてが純粋手続的正義の問題へと還元されることはあり得ない。

コースガードは、カントの国家論も自論と軌を一にすると言う（*Self-Constitution*, 7.5）。カントの国家論は謎に満ちている（彼の時代にあって、真意を分かりやすく述べることは、あまりにも危険であった）。それでも、カントは、唯一の永続的な国家体制は純粋共和政だと言う（『人倫の形而上学』法論第五二節末尾）。そこでは、法が自律的に支配しており、いかなる特殊な人格に依存することもない。一切の真の共和政は、国民の名において、国民の代表が、それぞれの職掌に応じて統治を分担する体制である。憲法を通じて結合した国民は、主権者を代表しているだけでなく、主権者そのものでもある。

憲法を通じて機能的に組織化され、統一体として行動する国民こそが統治権の主体だというのが、カントの真意である。そこでは、誰が主権者かを問題にする必要もない。憲法の定める手続を通じて、統一体として行動する国民が主権者なのだが、だからと言って、特定の誰かが（有権者団を含めて）主権的決定権者だというわけではない。統一体としての国民＝国家が行動するために必要なのは、憲法であって主権論ではない。人についても同じである。

20 相互授権の可能性？

オクスフォード大学の法哲学教授、ティモシー・エンディコットは、その著書『法の不確定性』（*Vagueness in Law* (Oxford University Press, 2000)）の最終章「法の支配の不可能性（The Impossibility of the Rule of Law）」において、次のような仮想の問題を提起している（193 以下、数字で示すのは、本書の頁数である）。

法の支配は概念としてそもそも実現不可能である。法の支配は公務員のすべての行為について司法審査を要求する。しかし、公務員の行為を法的にコントロールする裁判官自身も公務員であり……裁判そのものは法によって支配されていない。なぜなら、いかなる法秩序といえども、裁判所の無限の階層秩序を想定することはできないからである。あらゆる裁判を法によって支配しようとすれば、無限の階層秩序が必要であるのに。いかなる裁判所秩序においても、最上位の裁判所は法によって支配されてはいない。

この問題提起に対してエンディコットは、無限の裁判所秩序を想定することは可能だと言う。

一七世紀初頭のイングランドにはそうした秩序が存在した。衡平法裁判所は王座裁判所の判決の執行を停止する命令を発することができ、他方、王座裁判所は衡平法裁判所の判決を破毀することができた。無限の裁判所秩序が存在するためには、このように相互の判決を覆す権限を持つ二つの裁判所が存在すれば十分である（一七世紀初頭のイングランドの裁判所間の抗争についてはとりあえず、拙稿「国王も神と法の下にある——「絶対王政」対「法の支配」?」松井茂記編『スターバックスでラテを飲みながら憲法を考える』（有斐閣、二〇一六）所収参照）。

とはいえ、こうした状態では、いずれの裁判所の判決も確定した実定法として妥当しているとは言い難い。無限の裁判所秩序は論理的には可能であるが、それは法の支配を実現する手段ではあり得ない。いずれかの裁判所の決定が最終的なものでない限り、何が法であるかを誰も知ることができないからである。法の支配を実現するために必要なのは、無限の裁判所秩序ではなく、裁判の最終性（finality）である（195）。

最終的な裁判、つまり単一の最上級裁判所の裁判は、さらに法的にコントロールされることはない。しかし、だからと言って、この最上級裁判所が法に従ってはいないとの結論が導かれるわけではない。誰にコントロールされることもなく、ルールに従うことはできる。裁判官も同じである（194）。コントロールの仕掛けがあれば、たしかにルールへの服従は実効性を増すかも知れない。しかし、それはコントロールの仕掛けがない限り、ルールに従うことがあり得ないことを意味しない。毎朝、自分の朝食をこしらえる前に、猫の朝食を用意するというルールを自分に課している人は、誰も見ていなくてもそうする可能性はある。プレコミットメントの多くは、そうしたものである。

筆者は、一九九一年に刊行した著作『権力への懐疑――憲法学のメタ理論』（日本評論社、一九九一）の第一章および第二章で、ミシェル・トロペールの法解釈理論を検討したことがある。トロペールの理論は、あらゆる法は有権解釈機関、つまり最上級裁判所の有権解釈によって創設されるというものである。この議論は、法のあらゆる理解は法の解釈を前提とするとしている点で、すでに一貫した理論として成り立ち得ないものである（このことは、拙著『憲法の理性』〔増補新装版〕（東京大学出版会、二〇一六）第一五章で、アンドレイ・マルモアの議論を参照しながら述べている）。

ただ、一九九一年の著作で筆者が指摘したのは、トロペール理論の枠内において、最上級裁判所が最上級裁判所として存立するためには、自己の権限を自らに授権（自己授権）する必要があり、それは論理的理由によって遮断されるというものであった。

最上級裁判所の保持する権限のうち、自己授権の権限をAとし、それ以外の権限をBとすれば、最上級裁判所の権限はA＋Bとなる。このうち、Bの内容は個別に列挙することで同定することができるが、Aの内容はA＋Bを自己に授権するというものであり、そのうちBの内容は個別に列挙することで同定可能であるが、Aの内容はといえば、それはやはりA＋Bを自己に授権するというものであり、そのうちBの内容は個別に列挙することで同定可能であるが、Aの内容は再びさらなる展開を要する。つまりAの内容は永遠に確定せず、意味が不明であり続ける。自己授権は不可能である。

しかし、エンディコットが指摘するように、最上級裁判所は一つではなく、二つ存在する可能性があり、二つが相互にコントロールし合うこと、互いの判断をコントロールして無限のコントロールが行なわれることも、論理的にはあり得る。別の言い方をするならば、二つの最上級裁判所が、相互に相手の権限を制限または許容し合っていると主張（claim）することになる。そうすると、一見したところ、法秩序の頂点において二つの機関が相互授権をすることが、論理的に可能であるかに見える。トロペールの理論が最上級裁判所の自己授権を必然とするとした点で、筆者のかつての議論は誤っていたのだろうか。

しかし、この場合、少なくとも有権解釈機関は存在し得なくなる。二つの最上級裁判所のうち、いずれの解釈も最終的なものではなく、もう一つの最上級裁判所によっていつでも覆され得る。したがって、トロペールの解釈理論は、中核となる必要不可欠な構成要素——有権解釈機関——を保持しえなくなり、やはり崩壊する。あらゆる法を創設する最終性を有する有権解釈が存在し得なくなるからである。

二つの最上級裁判所の見解がたまたま一致すれば、その限りで相互授権に基づく有権解釈はなお存在することになり、この裁判所秩序は生き残り得るのだろうか。おそらくそうではない。

第一に、両裁判所の合致によってのみ有権解釈が生み出されるのであれば、そこで生起している事態は、議会両院の議決の一致によって法律が制定される事態とパラレルである。両裁判所の見解の合致によって生み出された有権解釈が両者に同時に権限を与えているのであり、そこにあるのは、自己授権であって相互授権ではない。そして、自己授権は論理的理由により遮断される。

第二に、二つの最上級裁判所が並存する状況において、両者の見解が一致する蓋然性は低い。トロペールの法解釈理論では、単一の最上級裁判所は、他の機関を拘束するため、戦略的考慮から自身を自己拘束する。最上級裁判所は自己の編み出す法理の網の目で自らを縛ることによってのみ、他者をも拘束することができる（ミシェル・トロペール「違憲審査と民主制」日仏法学一九号（一九九三―九四）一七一―一九頁参照）。しかし、並存する二つの最上級裁判所に、こうした戦略的考慮は働かない。自己拘束したとしても、他の最上級裁判所の判断によって、いつでも自身の解釈は覆され得るからである。

むしろ、他の国家機関を味方に引き入れるため、他の機関への法的拘束を緩和して法の支配を切り下げる、底辺（無拘束状態）に向かう解釈の競争に巻き込まれるおそれさえある。自己拘束のインセンティヴを有しない最上級裁判所が並存する法秩序に安定した有権解釈はあり得ない。そうだとすると、むしろそこには、相互授権はないと考えるべきであろう。一六一六年のイングランドのように、二つの最上級裁判所が相互に授権していると主張するシステムは存在し得るが、結論としては、相互授権のシステムは成り立たない。こうした事態は、最上級裁判所が三つ以上となって、相互授権を行なうと主張する場合でも同様に生ずる。

法秩序の最上位で複数の機関が相互授権をすると主張する事態は、法の支配にとっては破滅的である。紛争が最終的に解決されることはなく、国家機関に対する法的拘束は無拘束状態に向けて無限の切り下げに向かい、何が従うべき法であるかを知ることは、誰にもできなくなる。

法秩序の頂点における自己授権や相互授権がかりに論理的に可能であるとしても（前述したように、筆者の結論はそれについて懐疑的であるが）、そうした法秩序の法が権威を備えており、従うべき理由があるか否かは、ジョゼフ・ラズが指摘するように、個別の法、個別の市民に即して検討されるべき問題である。問われるべきなのは、当人の判断に基づく行動を差し控えてその法に従うことが、当人が本来とるべき行動をよりよくとることにつながるか否かである（この点は、拙著『法とは何か』〔増補新版〕（河出書房新社、二〇一五）終章参照）。

当該法秩序が、法の支配の要請――法の公開性、明確性、一般性、安定性、無矛盾性、事後法の禁止等――を十分に満たしているとしても、当然に、当該法秩序に属する個別の法に従うべきことになるわけではない。その法に従うことが、当人が本来とるべき行動をよりよくとることにつながるか否かが、依然として、その答えを決める。

法秩序やそれを用いる説明や議論には、それ自体として内在的な価値があるわけではない。法的推論の存在意義は、それが我々の実践的推論を簡易化する点にある。人は本来、自ら実践的推論を行ない、自分がいかに行動すべきかを自ら判断し、それに基づいて行動する。法と法を用いる推論は、そうした実践的推論を簡易化してくれる。たとえば、自動車を運行するとき、道のどちら側を通るかを自分で判断する必要はない。道路交通法を参照することで、左側を通るべきことが分かる。自分でわざわざ判断するまでもなく、法に従うことで、何が実践理性の結論であるかを知ることができる（はずである）。背景で働いている実践理性は、安全かつスムーズに道路で自動車を運行するには、どうすればよいか、という問いに答えることである。道路交通法に従うことで、こうした背景にある実践理性に（個々人が自分で判断するよりも）より簡易に従うことができる。

頂点において、有権解釈機関が自己授権を行なう法秩序や、複数の機関が相互授権を行なう法秩序にかりに存在意義があるとすれば、それが我々の実践理性の働きを簡易化してくれるからである。しかし、簡易化してはくれないであろう。我々の思考をいたずらに複雑化し、混乱させ、訳の分からないものにするだけである。そもそも、自己授権や相互授権をしている有権解釈機関は、どのような実践理性を反映することができるであろうか。単に自己循環的な、あるいは相互循環的な閉じた論理の連鎖は、いかなる実質的な実践理性を反映することもできないであろう。

第二部

法の森から

1　ルソーのloiは法律か?

古典を読むのは難しい。ついつい、現代に生きる自分たちの用語法に引きつけて読み込んだり、分からないところは無意識に読み飛ばしたりしがちである。

ジャン＝ジャック・ルソーの『社会契約論』は、泣く子も黙る古典中の古典で、憲法学者も読む（少なくとも読んだ振りはする）。ところが困ったことに、いろいろ分からない点がある。たとえば、第二篇第七章に現れる「立法者（législateur）」がそれである。

立法者と言っても、現代流の立法議会でもなければ、原案を作る起草者のことでもない。それは人民全体に制度の枠組みを与え、人間性を変革してしまうほどの天才的存在で、歴史上、稀にしか出現しない。リュクルゴス、モーゼ、モハメッド、カルヴィンがその例で、彼らの思考はあまりにも深遠なので、目先の利害に目の眩んだ一般人は、それを理解することができない。そこで彼らは、宗教の力を借りて人民を心服させ、制度の軛を課す。人間性を変革された人民は、一般意思の実現を追求する偉大な国民となる。

立法者と言うよりは、憲法立案者と呼ぶべきもののように思われる。なぜ立法者なのだろうか。不思議だと思いつつもとりあえず先に進もう、と読み進んでいるうちに、その疑問も忘れてしまう。

しかし、この疑問を真剣に取り上げてみると、それがもう一つの疑問につながることが分かる。「立法者」が立案するのは「法律 loi」である。しかし、ルソーの言う loi は、我々が考える「法律」なのだろうか。しかも、この問題は、『社会契約論』の第三篇でルソーが強調する「主権（souveraineté）」と「統治ないし政府（gouvernement）」の区別と直結している可能性がある（ということを最近読んだ Richard Tuck, *The Sleeping Sovereign: The Invention of Modern Democracy* (Cambridge University Press, 2015) から教わった）。

その話に入る前に、『社会契約論』全体の構造を復習しておこう。社会契約は国家を設立する契約である。国家の存在しない自然状態で人類が遭遇するさまざまな困難を解決するために、人々は結集して社会契約を締結し、国家を設立する。

ただ、社会契約論の共通点はここまでで、それから先は、論者によっていろいろである。自然状態で人類が遭遇する問題は何か、どんな統治のあり方が正しいかは人によって答えが違う。ルソーの場合、社会契約の解決すべき問題は、国家に服従して暮らす人々が、それでも自然状態の下と同様に自由に生きることができるためには、社会契約の内容はどのようなものでなければならないか、であった。

ルソーが与えた答えは、大まかに言えば、次のようなものである。国家は人々が作り出した約束事である（法人である）。この約束事は、法律に基づいて行動する。だから法律の制定にすべての人々が関与するよう制度を仕組んでおけば、国家に服従する人民は、結局のところ、自分たち自身が制定した法律に基づいて行動する国家に服従していることになる。つまり、人々は自然状態と同様、自分の意思にのみ従っているという意味で自由だ――いろいろとアナのある議論ではあるが、それなりに筋の通った物語にはなっている。

ルソーの議論をまじめに受け止める憲法学者は、法律の制定には人民が直接に関与しなければならないとか、すべての法律を国民投票で決めるのが無理だとしても、国会議員の発言・表決を出身選挙区の有権者たちが拘束できる「命令委任（mandat impératif）」という制度を導入すべきだと主張してきた。そうしないと、法律の制定に人民が関与しているとは言えないから、というのがその理由である。

ところが日本国憲法では、国会が唯一の立法機関とされているため（四一条）、法律を直接に国民投票で制定することはできないというのが通説だし、命令委任も、国会議員が「全国民の代表」だ（つまり各選挙区の有権者の代表ではない）という憲法四三条に違反するため導入できないとされている。これでは、国民は本当の意味で自由であるとは言えない、というのがルソー嫡流を称する人々の主張である。

まことにもっとものように思われるが、すべての法律を国民投票で決める国家は、直接民主政と形容されるべきであろう。ところがルソーは、『社会契約論』第三篇第四章で、「民主政ということばの意味を厳密に解釈するなら、真の民主政はこれまで存在しなかったし、これからも決して存在しないだろう」と述べるだけでなく、「もし神々からなる人民があれば、その人民は民主政をとるだろう。これほどに完全な政府は人間には適しない」と言う。

ちょっと待ってくれ、という声が聞こえる。ルソーの言う政体分類論――君主政、貴族政、民主政の区別――は、統治を誰が担当するかの分類であって、主権、つまり立法権を誰が担うかの問題とは別だ。主権は人民自身が担うべきもので、他者に委譲することはできない。だから、民主政は通常の人民には不可能だというルソーの言明も、法律の執行にあたる業務を人民自身が直接に行なうことは、現実には不可能だし、歴史上その例もないというだけの話で、とくに不思議な言明ではない。

ルソーが主権と統治とを区別していること、そして主権が立法権であり、法律制定権限であるというのはその通りである。しかし、そこで言っている「法律 loi」とは何なのか。ルソーによれば、統治業務を誰に委託するかの決定でさえ「法律」の制定ではない。それは「誰に」という個別の対象に関する決定で、一般的対象しか持ち得ない立法権の範囲を超える。統治業務を委託する決定も、もちろん人民集会が行なうのだが、この決定は立法権の行使ではない。この問題についてだけは、人民集会は統治権を行使しているというのが、ルソーの回答である（第三篇第一七章）。

その人民集会は、次の二つの事項に関する決定を必ず行なう（第三篇第一八章）。①主権者（人民」は現在の統治形態の維持を望むか、②人民は現在の統治担当者に今後も統治を委任するか。①は立法の、②は統治の問題である。立法が統治形態の決定に関わることは、第三篇第一三章の次の叙述からも分かる。

人民が集会して一連の法（loix）を承認し、憲法を定める（fixé la constitution de l'État）だけでは十分ではない。継続的な政府を設営し、政府構成員の選任についての定めを置いただけでは十分ではない。予期せぬ状況に応ずるための非常の集会に加えて、廃止したり延会したりすることのできない定期の集会が、予定されるべきである。

現代国家で議会が日々行なっていることを想起すれば、それが真の意味で一般的対象を持つことは稀で、むしろ特定の職業の規制、特定の地域の災害復旧、特定の人々に対する社会保障給付など、ルソーであれば「統治」に分類すべき事柄に関わっていることはすぐに分かる。人民集会も間をおいて集会するもので、こうした「法律」の制定に携わるわけではない。憲法を制定し、統治担当者を決定した後は、人民は各自、日常の市民生活に戻っていく。

こうしたルソーの想定は、ジュネーヴ市民に宛てられた『山からの手紙』第九書簡の次の叙述にも示されている。

古代の人民は、もはや現代の人民にとってのモデルとはならない。……君たちジュネーヴ市民は、ローマ人でもなければスパルタ人でもない。アテネ人でさえない。……君たちは商人、職人、ブルジョワで、私的な利益、仕事、取引や稼ぎで頭が一杯だ。自由でさえ、あなた方にとっては、差し障りなく安全に物を獲得し所有するための手段にすぎない。……古代の人民のように余暇を持ち合わせない君たちは、統治に間断なく関わるわけにはいかない。だからこそ、政府による策謀を監視し権限濫用に備えるよう政府を設定する必要がある。君たちのためである公的な務めは、君たちにとって負担となり、君たちがやりたがらないものであるから、それだけ簡便に遂行できるようにする必要がある。

ギリシャの都市国家は奴隷労働が支えていた。人民集会で熱心な討議が行なわれたのは戦争と平和の問題であり、一旦敗戦すれば自らが奴隷となり、自由と財産のすべてを失うからである。奴隷が退場し、市民が分業して経済を支える近代社会で、古代ギリシャと同様の直接民主政治はあり得ない。民主政は、神々のごとき人民にとってのみ可能だとルソーが主張するのも、そのためである。しかし、これがルソーの描くあるべき国家の姿だと言われても、腑に落ちない人は多いであろう。まず思い浮かぶ疑問は、『社会契約論』第三篇第一五章におけるイギリスの国制に対する批判をどう説明するのか、というものである。

主権は不可譲であるが、その同じ理由によって主権は代表され得ない。主権は本質的に一般意思に存するが、意思は代表され得ない。……だから人民の代議員は、人民の代表ではあり得ない。彼らは使者でしかなく、何一つ決定し得ない。人民が自ら承認しない法のすべては無効であり、法ではない。イギリス人民は、自由だと信じているが、彼らは自らを欺いている。彼らが自由なのは議員の選挙期間中だけで、選挙が終われば人民は奴隷であり、何者でもない。

この有名な一節は、ルソーが国会議員に対する命令委任を要求した根拠としてしばしば援用される。しかし、ルソーが代表され得ないとしているのはあくまで主権であり、統治権の行使ではない。ルソーが主権の行使とする「立法」が、統治形態の決定等の国制の基本事項に関わる真に一般的なものに限られるのであれば、ルソーが国会議員への命令委任を要求するか否かは、明瞭とは言えない。

むしろ、制定憲法の存在しないイギリスでは、議会は通常の立法権のみならず、憲法制定権力をも行使し得たことに注意が必要である。イギリスの統治形態に対するルソーの否定的評価は、それが主権と統治とを画然と区別せず、本来の主権者たる人民による明示の意思決定抜きで、議会が主権を簒奪して行使し、統治形態をも変更してしまう点にあったのではないか。統治形態が人民の意思表示なしには変更し得ないという保障の下で、具体の統治作用を人民が政府に委託することについて、ルソーは異議を唱えてはいない。

ルソーが「立法権において人民は代表され得ない」と言うとき、彼が否定しているのは、人民以外の者による憲法制定権力の行使であった。彼が続いて「物事をよく検討してみれば、法（loix）を有する国民はごく少数だ」と述べていることもこうした理解に符合する。当時、統治者によって変更され得ない憲法を持つ国民は、稀であった。

日常の統治は政府に委ね、憲法制定と政府の選任にのみ関与する人民、しかも憲法制定を立法者に指導される人民は、果たして自由なのだろうか。

2　戦う合衆国大統領

建国間もないアメリカ合衆国を悩ませた問題の一つに、北アフリカのバーバリ諸国による海賊行為があった。オスマン・トルコの名目的な支配下にあったこれら諸国は、沿岸を航行するアメリカの船舶を襲撃し、積荷の略奪はもとより、捕獲した乗組員を奴隷として扱い、酷使したり売り飛ばしたりした。解放には莫大な身代金が要求された。イギリスやフランスは、朝貢を行なうことでバーバリ海賊の脅威に対処したが、イギリスから独立し、ユニオン・ジャックを掲げることをやめたアメリカの船舶にその保護は及ばない。

イギリス公使時代に駐英トリポリ大使と交渉したジョン・アダムズ（後の第二代大統領）は、法外な金銭を要求する大使に、何の危害も加えない国々になぜあなた方は戦争を仕掛けるのかと問いただしたところ、預言者（モハメッド）を認めぬ者はすべて罪人であり、正しい信仰を奉ずる者が異教徒を略奪し、奴隷とすることは義務であるとの回答を得た。

ワシントン大統領の下、国務長官となったトマス・ジェファーソンは、バーバリ諸国に対処するには軍事力が必要だと考えて、独立戦争後、解体されたアメリカ海軍の再建を企図して各方面に働きかけ、連邦議会は一七九四年三月、七〇万ドル近くのコストをかけて新たに海軍を編成することを決定した。アメリカ政府は、バーバリ諸国との条約締結交渉も並行して行なう。他のヨーロッパ諸国と同様、金で和平を買う交渉である。アルジェリアの太守との条約で、アメリカは約一〇〇万ドル、つまり歳出の八分の一を支払うことを約束している。しかし、条約で得た和平は、大西洋を越えての朝貢金の送達が遅れがちであったことや、強欲な太守たちの気まぐれもあって、不安定なものであった。

一八〇一年三月に第三代大統領となったジェファーソンは、アメリカの商船隊を保護し、その権益を守るため、地中海への海軍の派遣を閣議に提案する。問題は、この派遣について連邦議会の承認がないことである。連邦憲法第一篇第八節第一一項は、「戦争を宣言する（declare War）ことを連邦議会の権限としている。この条項については、そこで言う「戦争（War）」の意味も含めて、現在に至るまで深刻な論争が継続している。軍事権限に関する憲法条項に曖昧さがつきまとい、激烈な解釈論争が生まれることは、日本に限った話ではない。大統領単独の判断で、誕生間もないアメリカ艦隊を遠く地中海に派遣することはできるか。

司法長官は、条文に明確な手掛かりはないものの、大統領単独の判断で「急迫な攻撃に反撃する（repel sudden attacks）」ことは可能だと述べる。これは憲法制定会議でジェームズ・マディソンが示した見解である（原案の make War を declare War に修正するよう提案したのはマディソンである）。しかし、反撃を超えて敵の艦船を破壊したり捕獲したりすることはできないと司法長官は言う。閣議の結論は、艦隊派遣の目的は平和維持にあり、攻撃への反撃のみが許され、自ら攻撃することは認められないというものである。

折しもトリポリの太守ユスフ・カラマンリは、法外な金銭の要求（頭金として二二万五〇〇〇ドル等）の末、一八〇一年五月にアメリカに宣戦を布告した。ジェファーソンが艦隊派遣を決定したときは、このことを知らない。

リチャード・デイル提督に率いられたアメリカ艦隊は、七月二四日にトリポリに到着して沖合に停泊した。同じくトリポリと敵対するスウェーデンの艦船とともに、港湾を封鎖するためである。宣戦布告の知らせはすでにデイル提督に届いている。

水と糧食の補給のため、エンタープライズ号がマルタに向かうこととなった。アンドリュー・ストレット艦長は、その途上で怪しい艦船を発見する。ユニオン・ジャックを掲げたエンタープライズ号から、ストレットが相手の船長に目的を問いかけると、騙された相手は、米艦を追跡していると本当のことを答える。ストレットは直ちに星条旗を掲げ、攻撃を開始した。最初の艦砲射撃は相手のマストを破壊し、船腹に穴をあける。敵艦はエンタープライズ号に接近して白兵戦に持ち込もうとするが、船縁で待ち構えた海兵隊員がマスケット銃の一斉射撃でトリポリ兵を撃退する。敵艦は旗を下ろす。これを見たアメリカ軍が勝利の雄叫びを上げると、敵艦は再び旗を上げて銃撃を開始する。アメリカが反撃し、再び旗は下ろされる。そしてまた上がる。度重なる背信行為に、ストレットは敵艦の甲板が波間に沈むまで砲撃を続けるよう命令する。慈悲を乞う相手の艦長の叫びで、戦闘は終了した。トリポリ側の死傷者は約六〇名、アメリカ側には一人の負傷者もいなかった。

すべてがアメリカ側に都合よく進んだわけではない。米軍内でインフルエンザが蔓延したため、トリポリ湾の封鎖は九月三日に放棄された。しかもデイル提督の旗艦は、帰途のジブラルタルで座礁した。ストレットの勝利以外に、最初の米艦隊の派遣に見るべき成果はなかった。

局面が大きく展開したのは、一八〇三年にエドワード・プレブル提督の指揮下で米艦隊が派遣された折りのことである。彼はまず、アメリカと戦争状態に入ったモロッコへの対処のためタンジールに向かい、沖合に一五〇以上の砲門を並べて威嚇した。スルタンは金銭の見返りなしにアメリカとの和平を約束し、プレブルは次の目的地、トリポリに向かう。

ところが、先遣隊として派遣されたフリゲート艦フィラデルフィアは、トリポリ沖で座礁し、ウィリアム・ベインブリッジ艦長をはじめとする乗組員は人質となった。しかも、フィラデルフィアは、今やトリポリ側の軍艦である。囚われの身のベインブリッジは、冬場で波の荒れる港内では監視船はほとんど陸揚げされていること、船内に蓄えられた火薬の量からすれば、外部から侵入してフィラデルフィアを爆破する工作は可能であるとの献策を密かにプレブルに行なう。作戦を実行したのは、スティーヴン・ディケイタ中尉であった。一八〇四年二月一六日、夜陰に乗じた彼とその部下は、主鎖を伝ってフィラデルフィアに侵入し、刀剣で乗員に襲いかかり、艦内各所に火を放った。同艦は爆発炎上する。

国務長官マディソンは別の作戦を用意していた。トリポリの太守、ユスフ・カラマンリは正統な太守である兄のハメットを国外に逐い、その地位についていた。本来の太守ハメットを復位させ、アメリカとの良好な関係を構築するというのが、その作戦である。

作戦を実行したのは、元駐チュニス総領事のウィリアム・イートンである。彼はエジプト奥地でハメットを探し出し、少数の海兵隊員と地元で集めた傭兵とで、要衝の地デルナを目指して陸路行軍を開始する。賃上げを要求するラクダ使いや傭兵の反抗を抑えつつ、デルナ城外に到着した一行は、沖合のアメリカ艦隊からの砲撃を含めて三方から攻撃を仕掛け、守備兵力が圧倒的に上回るデルナを制圧した。

イートンの冒険はここであっけなく終了する。総領事のトビアス・リアが、怖じ気づいたトリポリの太守と和平条約を締結してしまったためである。彼はフィラデルフィアの乗組員の身代金として六万ドルを支払う約束をし、戦争は終結した。

一八一二年に米英戦争が勃発すると、イギリスに唆されたバーバリ諸国は、再びアメリカの船舶を襲撃し始める。ゲントの和約でイギリスとの戦争を終結させたマディソン大統領は、議会の承認を経て一〇隻の軍艦を北アフリカに派遣する。指揮官はスティーヴン・ディケイタである。彼はアルジェに到着して二日のうちに新たな和平条約を獲得する。アメリカ人の人質は解放され、略奪された積荷の賠償として一万ドルが支払われる。もはやアメリカからアルジェへの朝貢はない。次にチュニスに向かったディケイタは、ここでも同様の条約を締結する。捕獲した二隻の米船の賠償として、チュニスは六万ドルを支払う。最後はトリポリである。彼は太守ユスフから三万ドルの賠償金を獲得する。バーバリ諸国の脅威はようやく終息した。

共通の利害に訴えかけても意味のない非合理的な相手は軍事力で屈伏させるしかないが、その場合でも、法は守る必要がある。二〇一一年四月、オバマ政権がオサマ・ビン・ラディン襲撃を計画したとき、連邦議会の承認の有無は問題とならなかった。すでに九・一一直後、議会はアルカイダに対する武力行使を認めている（Authorization for Use of Military Force: AUMF）。

問題は、彼が何年にもわたり、パキスタンの軍事都市アボタバドの厳重に警戒された邸宅に隠れ住んでいたことである。パキスタン政府内部に、アルカイダと通ずる分子のいることが強く疑われる。同政府に身柄確保を依頼することはできない。では邸宅を空爆するか。それでは、一般市民を巻き添えにするおそれがある上、ビン・ラディンの死を確認することができない。アルカイダは、作戦は失敗したと宣伝するであろう。オバマは、海軍特殊部隊（SEAL）を送り込むことにした。

これはパキスタンの主権侵害にあたる。情報漏洩のリスクから、パキスタン政府の同意を得る選択肢はない（パキスタンの諜報機関内部にアメリカの協力者がいたとの見方もあるが）。国防・司法・統合幕僚本部・ＣＩＡ等、省庁をまたぐ法律家チームが考案したのは、第一に、パキスタン政府に自国領土内から発するアメリカへの脅威を抑止する「能力または意思がない（unable or unwilling）」以上、個別的自衛権の行使が正当化されるという議論である。しかし、この新奇な主張は自衛権に関する国際的な理解として確立しているとは言い難い（オバマ第二次政権がシリア領内のＩＳを空爆したときも同じ議論が持ち出された。このときは、イラクのための集団的自衛権の行使だとされたが）。

第二に用意されたのは、戦時国際法には自動執行性（self-executing）がなく、とくに国内法化されない限り、アメリカ政府を拘束しないという議論である。秘密作戦の実行にあたって、米政府は米国内法には拘束されるものの、国連憲章・ジュネーヴ条約等の国際法は、可能な限りで遵守するにとどまる（Cf. Questions for the Record, Caroline Krass, Senate Intelligence Committee, undated）。アメリカにとって国際法とは、そうしたものである。

突入の際、ビン・ラディンが降伏したらどうするのか。法律家チームの結論は、彼が何らの脅威も与えないことが明白であれば——独りでほとんど裸で跪き、両手を挙げるなら——捕虜とすべきだが、それ以外は殺害すべきだというものである。彼は抵抗も降伏もせず殺害され、遺体はサウジアラビアが引き取りを拒んだため、インド洋上の空母カール・ヴィンソンから水葬に付された（イスラム法は可能な限り、地上での埋葬を要求する）。

秘密作戦の遂行にあたっても、段階ごとにあらゆる法律論の当否が検討され、政策決定の幅を定める。

＊本稿の作成にあたっては、次の諸文献を主に参考にしています。Philip Bobbitt, *Terror and Consent: The Wars for the Twenty-First Century* (Knopf, 2008); Brian Kilmeade and Don Yaeger, *Thomas Jefferson and the Tripoli Pirates: The Forgotten War That Changed American History* (Sentinel, 2015); Charlie Savage, *Power Wars: Inside Obama's Post-9/11 Presidency* (Little, Brown, 2015).

3 フランソワ・ミッテラン暗殺未遂事件

フランス第五共和政下で第四代の大統領を務めたフランソワ・ミッテランは、早熟の政治家であった。第四共和政下の最初の内閣で、当時三〇歳の彼は閣僚を務めている。第二帝政以降では、最年少の閣僚であった。議会の左右両極に強力な反体制政党が盤踞し、短命な中小政党連立内閣が引き続く中で、権謀術数の渦巻く政界を持ち前の雄弁と人当たりのよさを武器に泳ぎ渡った彼は、内務大臣、司法大臣を含む数々の主要閣僚を歴任し、第四共和政末期には、四〇代はじめにして首相候補と目されるに至っていた。

しかし、体制を変革し、国を率いることとなったのは、引退生活から呼び戻されたドゴールである。第四共和政は終わった。政界を揺り動かす断層は一挙に位置と方向を変え、左右の対立に代わって、アルジェリア独立問題がフランスの将来を決することとなる。ミッテランは、インドシナを売り渡し、アルジェリアも同様に処分しようとする、唾棄すべき弱体政党政治を象徴する人物、第四共和政の亡霊となった。

折しもパリの街は、アルジェリア独立の可能性をわずかでも認めようとする穏健派政治家(「裏切り者」と呼ばれた)の暗殺を狙う一隊が、極右独立阻止派により送り込まれたとの噂で持ち切りであった。今や一介の元老院議員にすぎないミッテランも、マンデス・フランスと並んで、暗殺リストの筆頭に位置すると目され、ミッテラン夫人には、「黒がお似合いだといいんだが、じきに旦那のために着ることになるからね」という電話が、夜更けにかかってくるようになった。

一九五九年一〇月一四日、自宅で夕食をとったミッテランは、車でサンジェルマン・デ・プレのブラッスリー・リップに向かった。ヘミングウェイ、サルトル、ヴェルレーヌ、シャガール等の好んだカフェである。しかし、待ち人は来ない。0時を回ってリュクサンブール庭園脇の自宅へと青いプジョー403を走らせたミッテランは、追走するライト・グリーンのルノー・ドーフィンとおぼしき車に気付く（プジョーはプロテスタントか左翼の、ルノーはカトリックの好みである）。

セーヌ街は南にトゥーノン街へと続き、元老院前の三叉路で左右に分かれる。自宅への経路は右だが、ミッテランは左折を選んだ。ルノーはなお追ってくる。サン・ミシェル大通りへ入ってアクセルを踏み込んだミッテランは、さらに右折してオーギュスト・コント街に入り、パリ天文台公園脇で停車するや否やドアを開けるとフェンスを跳び越え、天文台を囲む草むらに這いつくばって身を潜めた。急ブレーキ音の後に、自動小銃の乾いた連続発射音。ミッテランは立ち上がるや緑地を駆け抜けると、天文台街五番の玄関口にへばりつき、ドアベルを鳴らし続けた。

近隣中の家々に明かりが点り、まずは警察が、次にテレビ取材班が到着する。プジョー403には、七発の銃弾が撃ち込まれていた。一夜明けると、ミッテランは英雄となっていた。すべての朝刊の一面を彼のニュースが占めた。プジョーがたどった経路図、弾丸痕と一メートルをゆうに超える公園のフェンスの写真。誰もが、極右勢力による政府への警告――アルジェリアを見捨てるようなことをすれば、ただではおかない――と受け取った。その極右テロにミッテランは敢然と立ち向かった。冷静沈着に身を守り、カルチェ・ラタンの隅々に至る知識を生かして暗殺者の企図を挫いた。大戦中の収容所からの脱出やレジスタンス運動の経験と体力も生かされたのだろう。

事件の捜査にあたった警察は、いくつかの難問に直面する。極右テロ組織のメンバーの多くは軍の出身で、緻密さと周到さが特徴である。なのに、最高速度で名をはせているわけではないプジョー403に追いつけないような車をなぜ用意したのか。二台の車が、ブラッスリー・リップ前を発ち、およそ一・六キロメートルの道筋をたどってサブマシンガンが発射されるまで一〇分はかかっている。史上最低速のカー・チェイスと言っていい。時間はどこで費やされたのか。ミッテランが茂みに隠れてからサブマシンガンを発射するまでか。だとすると、暗殺者は何を待っていたのか。もちろん、ミッテランほどの沈着冷静な人間でも、記憶違いはあるだろう。これほど衝撃的な経験だったのだから。

さらに困惑すべき事実が明らかとなる。銃弾痕の分析班は、銃弾は移動する車からのものではないと結論付ける。ドアにほぼ直角の角度で銃弾は撃ち込まれている。そこまで大胆にして冷血なプロの仕業だとすれば、なぜ銃撃後、プジョーの内部を調べようとしないのか。さらに、標的が立ち上がって走って逃げ出すのをなぜ見逃すのか。犯行に用いられたステン・ガン（Sten gun）

は、大いに信頼すべき性能を備えたサブマシンガンとは言えないものの、少なくとも三秒間で三〇発の弾丸を発射することはできる。なぜ七発なのか。プジョーを撃ち外した銃弾は発見されていない。訓練不足のアマチュアの仕業なのか、それとも単なる警告か。

事件の一週間後、事態は急変する。ロベール・ペスケという極右の元国民議会議員（以前は大工で、ジャン＝マリー・ルペンともつながる人物）が登場する。ミッテランが一〇月一四日夜、ブラッスリー・リップで待ち合わせていたのは彼であった。ペスケは、暗殺未遂事件はミッテラン自身が企てた自作自演の芝居だと予審判事に告げた。ミッテランが極右勢力の瓦解を狙ってペスケに話を持ちかけ、代わりにペスケの政界復帰を助けることを約束した。ペスケが話に乗る振りをしたのは、ミッテラン（とその同類）の欺瞞を暴くためである。仲間と暗殺の見せかけはしたが、誰も怪我をしないよう予め計画されていた。ペスケの車は、その場にいた恋人たちが立ち去るまで、何度も天文台を周回したのだ。

予審判事に呼び出されたミッテランは言う。一週間ほど前にたまたまペスケに出会ったところ、彼はその後、度々電話してきた。仕方なく、一〇月一四日に会おうと電話で約束したところ、ペスケは、自分はテロリストとつながりがあり、ミッテランは暗殺リストに載っている、自分は彼らに莫大な借金があり、暗殺を実行するよう強要されている、仲間を裏切ったことが分かれば自分自身が殺されると告げる。ミッテランに助けて欲しいのだ。その後、さらにペスケから電話があり、暗殺計画は切迫している、一四日夜、ブラッスリー・リップで詳細を伝えようと告げる。しかし、その夜ペスケは現れなかった。その後は、例のカー・チェイスである。なぜ直ちに警察に連絡しなかったのかとの予審判事の問いに、誰にも秘密は漏らさないと約束したから、とミッテランは答える。

ペスケは反撃手段を用意していた。彼は犯行の六時間前、自身宛てに、計画された事件の内容をつぶさに記した書簡を局留め便（poste restante）で発送していた。ガウンをまとった弁護士とカメラマンに付き添われてペスケは郵便局を訪れ、開封前の書簡の消印の日付と時刻を確認させた。真実を語っていたのはペスケの方だ、メディアも世論もそう受け取った。ミッテランとの共謀がない限り、計画書通りに事は進まないはずである。

ミッテランは一夜にして英雄の地位から転落した。悪くすれば、自身の暗殺未遂事件を仕組んだ詐欺師であり、好意的に見ても、用意周到に仕掛けられた罠にむざむざとはまった間抜けである。ある新聞は「嫌悪とは言わないまでも侮蔑の対象ではある」と論評した。「こんな人物が内務大臣だったとは」。もはや彼の政治生命は尽きたと彼自身も思い、「井戸の底にいるように感じた」と後年、述懐している。

事態が多少とも好転したのは、一九五九年一一月に入って、元首相のモーリス・ブルジェ＝モウヌリも同年夏、ペスケから同種のアプローチを受けていたことが明らかとなったことによってである。情報を入手していた政府は、ミッテランの苦悶を引き延ばすために隠匿していた。この情報により、少なくともミッテランが自身で事件を仕組んだわけではないことは明らかとなった。自分で仕組むのであれば、ペスケよりはるかに信頼に値するレジスタンス仲間がいたはずである。しかし、彼が罠にはまったことは疑いがない。ペスケの書簡には、ミッテランとしめし合わせていなければ起こり得ない事態が描かれていた。ドゴールに代わって、もう一度、舞台の中心に立ちたいと考えたのだろう。

ペスケを操る陰謀の黒幕は誰だろうか。ここまで綿密・狡猾に計算し、人の弱みを見抜いて鋭利に切り込む人物は。ミッテランは、首相のミシェル・ドゥブレを疑った。

ゴーリストのドゥブレは、アルジェ駐在のラウル・サラン将軍の司令部がバズーカで砲撃された事件に関与した嫌疑がもたれていた（関与が疑われた者には、若きヴァレリー・ジスカール・デスタンも含まれる）。ブルジェー-モウヌリもミッテランも、バズーカ事件当時の閣僚であり、極秘ファイルにアクセスし得る立場にあった。アルジェの検察官は上院議員であったドゥブレの逮捕・起訴を求めたが、ミッテランとブルジェは、政治的考慮から、議員特権の解除を求めないこととした。しかし、彼らはドゥブレにとって不都合な事実を知る立場にある。ドゥブレは復讐を試みたのだろう。そして今や、ドゥブレ首相はミッテランの不起訴特権の解除を求めている（一九九五年の憲法改正まで、フランスの国会議員は、所属する議院の許諾なくしては訴追されなかった）。

元老院の審議で、ミッテランは逆襲する。彼が司法大臣であった「一九五七年二月、ある男が面会にやってきた。会うなり彼は、最近暴露されたばかりのある事件について、彼が無実であると訴えた。書類にはいろいろと不都合な記録も残されていたが、すべてを彼は後になってから説明してみせた。彼にはそのための時間が必要だったのだ。もし私が彼の議員特権解除を要請していれば、彼にその時間はなかっただろう。〔間をおいて〕私の大臣執務室を神経質そうに歩き回っていたその男こそ、ミシェル・ドゥブレ首相だ！」。それでも元老院は一週間後、ミッテランの起訴を許諾した。無用に捜査関係者の時間とコストを費やして司法活動を妨害した罪である。厳密に言えば、彼は偽証したわけではないのだが。

ところがミッテランの弁護士、ロラン・デュマ――後に社会党政権下で外務大臣、憲法院院長を歴任する――が重大な発見をする。事件の捜査にあたっていた予審判事と検察官は、いずれもペスケの友人であった。公訴取消の理由となるだけでなく、誰の差し金で二人が担当に指名されたかが疑惑の焦点となる。

ドゥブレはそれ以上のミッテランの追及を断念する。彼を追い詰めれば、自身の過去の不都合事が暴露されることになりかねない。元老院でのミッテランの発言は、その警告である。公訴が取り下げられたわけではないが、それ以上の訴訟の進展もなかった。ミッテランが出廷することもなく事件は忘れ去られ、安楽死へと至る。政治の表舞台を去ったミッテランが左翼勢力の結集に成功し、大統領候補として捲土重来を図るには、その後六年の歳月を要した（その一九六五年の大統領選挙に極右から立候補したティシエ・ヴィニャンクールこそが、ミッテランを陥れた張本人だったとの憶測もある）。その後、彼がジスカール・デスタンを破って大統領に当選したのは、一九八一年である。

ドゴール将軍はミッテランをどう見ていたのだろうか。解放直後のパリ市庁舎で、歓喜して押し寄せる群衆のため、危うくバルコニーから転落しそうになった将軍の足を抱き抱えて命を救ったのは、若きミッテランだったのだが。

一九六二年三月、アルジェリア民族解放戦線との停戦協定（エヴィアン協定）が締結され、協定の可否を問う四月の国民投票では、支持が九割を超えた。是が非でも独立を阻止しようとするOAS（Organisation armée secrète）は、フランス各地で爆弾テロを敢行した。ドゴール大統領も当然、テロの標的となった。しかし救国の英雄は、不死身だった。

一九六一年九月には、週末を過ごすため、コロンベの私邸に向かうドゴールの車を狙った爆破テロが起きたが、プラスチック爆弾の起爆装置は何故か作動せず、彼は無事だった。一九六二年八月二二日の夕刻、ドゴール大統領夫妻はコロンベ行きの飛行機に搭乗するため、エリゼ宮を発ってヴェルサイユ近くの軍用飛行場に向かった。午後八時過ぎ、パリ郊外のプティ・クラマールで大統領夫妻の乗ったシトロエンDSはマシンガンによる襲撃を受けた。二〇〇発を超える銃弾が発射され、約一〇発が車を貫通したが、前輪駆動で独自のエア・サスペンション・システムを備えたシトロエンDSは走行を続け、奇跡的に一人の負傷者もなかった。数分後、空港に到着した大統領は、スーツからガラス片を払って衛兵を閲兵し、夫人はお付きの者に、トランクにある翌日の昼食用の鶏への注意を促して飛行機に乗り込んだ。唯一の犠牲者は事件の知らせを聞き、心臓麻痺を起こして死亡したコロンベの警察署長である。しかも、事件の約一時間後には、犯行に使用されたルノー・エスタフェットが近くの森で発見され、車内には丁寧にもマシンガンが残されていた。証拠隠滅を狙ったはずの爆弾も車内で発見されたが、その起爆装置は何らかの理由により作動しなかった。

　プティ・クラマール事件の四週間後、ドゴールは、テレビ演説で大統領直接公選制への改革案を、国民投票にかけることを表明した。国営放送は政府のプロパガンダ装置と化し、政治的にセンシティヴな裁判には露骨な圧力が加えられた。老齢と共に迫りくる死の意識が、将軍から忍耐力を奪っていった。将軍の頑なさが、彼の権力行使を「永続するクーデタ（le coup d'état permanent）」と非難するミッテランへの支持を増やしていくことになる。

　フランスの政治家の生涯を知ると、日本の政治生活の平和さに思いをいたさざるを得ない。おなかが痛いからとか、自転車事故で怪我を負ったからといって、首相や幹事長を辞める方々とでは、くぐり抜けた修羅場の質に隔たりがあるのではなかろうか。たとえそれが自作自演であったとしても。

＊本稿の作成にあたっては、主に以下の文献を参考にしています。Graham Robb, *Parisians: An Adventure History of Paris* (W. W. Norton & Co., 2011); Philip Short, *Mitterrand: A Study in Ambiguity*

(Bodley Head, 2013); Marcel Morabito, *Histoire constitutionnelle de la France de 1789 à nos jours*, 14th ed. (LGDJ, 2016).

4　英米型刑事司法の生成

現代英米諸国の刑事訴訟の特徴は、相対する各当事者を代理する法曹に、証拠を収集・吟味し法廷に提出するとともに尋問・反対尋問等を通じて主体的に証拠調べを行なう責務が委ねられている点にある。裁判官と陪審が構成する裁判所は、自ら捜査を行なうことはない。中立・公平な審判者として訴追側・被告人側の提出した証拠に照らし、有罪か無罪かを判断する。同じく陪審員が刑事裁判に参与するフランスとは異なり、裁判官が自ら証人を尋問することは稀である。

現在見られるような英米型の刑事訴訟のあり方は、一七世紀末以降、イングランドで徐々に生成したものである。一六九〇年代までのイングランドでは、重罪（felony）の被告人は法廷での弁論を弁護人に依頼することを禁止されていた。当時の刑事裁判は、被告人と被害者との「争論（altercation）」の形態をとり、被告人本人に弁明の機会を与えることを要点としていた。被告人が無罪であれば、本人がそれを証明することは容易であるはずだし、有罪であれば、本人の発言がそれを強く示すはずだという前提がとられた。

被告人と被害者との争論では、被害者は訴追者と証人を兼ねることとなる。被告人は宣誓した上で証言することを禁じられていたが、実際上は自己弁明の証人役をこなすこととなる。被告人は事件に関する重要な情報源と見なされ、自ら弁論することが期待された。事件現場に居合わせた（はずの）被告人は、現場の状況を熟知しているはずであり、したがって最も効果的に自己弁明ができるはずだからである。自己負罪拒否特権など、そもそも想定し得ない。とはいえ、ろくに食事も与えられず、不衛生な監獄に長期にわたって収監された後にいきなり法廷に拘引された被告人が、慣れない場で訴追側の証拠や証人に対して積極的に反論するとの想定には無理があると言わざるを得ない。収監中に病死・餓死する者も少なくなかった。

争論が終結すると判事は陪審に対して有罪か無罪かの判断を求める。エリザベス朝からジェームズ朝にかけての平均的な争論の継続時間は一五分から二〇分とされる。一九世紀初頭でも、午前中だけで一〇件ほどの事件が同一の陪審によって評決され、一件あたりの評決にかかる時間は二～三分であったとの報告がある。陪審は別室に移って評議することもなく、その場で結論を下した。重罪で有罪とされた被告人の刑は、通常、死刑である。自分の命がかかっているからこそ、弁護人ではなく、被告人本人が答弁すべきだというのが当時の通念であった。

被告人弁護人禁止の原則に最初に風穴を開けたのは、一六九六年の反逆罪審理法（the Treason Trials Act of 1696）である。同法は、反逆罪――国王の殺害若しくは武装蜂起、又はそれらの謀議――の被告人に対し、事実審およびその準備段階で弁護人の助力を得ることを認めた。同法は、一六七八年から名誉革命に至るまでの期間に起こった反逆罪に関するいくつかの著名な誤審事件を背景として制定された。この期間は、チャールズII世の後継者として、カトリックであることを明らかにしていた王弟ジェームズが王位に就くことの是非をめぐり、国内世論が二分されていた時期である。宗派対立に終止符を打つためにエリザベス朝で確立されたはずの国教会制度が覆されるのではないか、メアリー朝下と同様のプロテスタントに対する残忍な弾圧が復活するのではないかとの深刻な懸念が国内を覆った。チャールズII世は、一六八一年に議会を解散すると、彼の治世の末に至るまでの五年間、新たな議会を召集しなかったため、政治闘争は議会から、反逆罪を審理する法廷へと舞台を移すこととなった。

最初の事件は、一六七八年の「教皇派謀議（the Popish Plot）」である。宮廷の貴顕の士を含むカトリック教徒が、チャールズの暗殺、国内カトリック勢力の武装蜂起と国外カトリック勢力の誘致を図ったとされる事件であるが、根拠のない冤罪であったと今日では考えられている。ジェームズの秘書官であったエドワード・コールマンのほか、カトリックであったキャッスルメイン卿、スタフォード卿も陰謀に加わったとして訴追された。枢密院による裁判は一六七八年から八〇年まで続き、一四名の無実の者が命を落とした。

一六八三年の「ライ・ハウス陰謀事件（Rye House Plot）」では、ジェームズの王位継承に反対する勢力（ウィッグ）のリーダー、ウィリアム・ラッセル卿と政論家のアルジャーノン・シドニーが起訴され、処刑された。教皇派謀議と異なり、当時のウィッグが実力を用いてでもジェームズの王位継承を阻もうとしていたことは確かであるが、裁判で提出された有罪の証拠は捏造されたもので、伝聞や「共犯者」の証言も証拠として採用された。

チャールズの没後、ジェームズの王位継承を阻止すべく一六八五年に武装蜂起したチャールズの非嫡出子、モンマス公の反乱に加担した者を裁いたのが「血の巡回裁判（the Bloody Assize）」である。この裁判は徹底した腐敗ぶりで知られており、裁判長であったジョージ・ジェフリーズは、赦免を金銭で売り捌いたとされる。彼は、被告人の刑を死刑から期限付き流刑へ減軽して植民地に売り飛ばすことで、一人あたり一〇～一五ポンドの利益が得られるとジェームズに助言した。二〇〇人以上の者が絞首された後、斬首の上、身体を四つ裂き（quartered）にされ、塩ゆでにされた挙げ句にタールを塗られて街灯や樹木にさらされた。

これらの著名な事件では、国王に任命された裁判官の偏頗さ、被告人側の事実審準備に対する意図的妨害、事実審での被告人への弁護人の拒絶等が問題点として認識された。

名誉革命後の一六八九年の権利章典（the Bill of Rights）は、その前文で、「前王ジェームズII世が、邪悪な顧問官、裁判官、廷臣の補佐により、プロテスタンティズムとこの王国の法と自由を覆し根絶しようとした」旨を述べ、具体的悪行として、「勾留された刑事被告人に過大な保釈金を要求したこと」、「過大な罰金を科したこと」並びに「法に反する残虐な刑罰を科したこと」を挙げている。

また、スチュアート朝下では、裁判官は国王によって任命されるだけでなく、国王の判断で随時罷免もされた。ジェームズII世の治下のみで一三名の裁判官が罷免され、そのうち四名は、国王の法律執行免除権限を否定したために一日のうちに罷免された。裁判官の身分の問題は反逆罪の問題とは別に立法で解決され、一七〇一年王位継承法（the Act of Settlement 1701）は、裁判官職は「罪過なき限り」継続するものとし、俸給も定額とした。

名誉革命前の一連の裁判で示された裁判官の偏頗さは、裁判所が被告人弁護人の代役として被告人の利益を保護する保障のないことを明らかにした。また、ライ・ハウス陰謀事件が明らかにしたのは、反逆罪の複雑怪奇さ――何が構成要件であり、立証のために何が必要か等が不明瞭――であり、法律の知識を備えた弁護人の補佐なくしては、被告人は実効的な訴訟追行をなし得ないとの認識が広がった。

一六九六年の反逆罪審理法が採用したのは、訴追が国王配下の法曹によってなされる反逆罪の裁判において両当事者の平等を図ること、つまり被告人に事実審および準備段階での弁護人へのアクセスを保障することである。これによって被告人は、弁護人の補佐を得て証拠を収集し、弁護側の証人を尋問し、かつ、訴追側の証人の反対尋問を行なうことができる。

一六九六年法が対象としたのは、反逆罪の裁判手続のみである。重罪一般については、反逆罪特有の立証に伴う困難な論点もなく、また反逆罪の場合と異なり、訴追にあたるのは被害者等の一般市民であって国王配下の法曹（the law officers）ではなく、当事者の対等性を保障するための措置が必要であるとは考えられていなかった。さらに当時、死刑に代替する刑罰として植民地への流刑が採用されるようになったことも、重罪に関する配慮を不要とする通念を強めたと考えられる。職業法律家が主要な役割を演ずる当事者対抗型刑事裁判は、まずは反逆罪という特殊な犯罪類型のみを対象として始まったこととなる。反逆罪の被告人となるのは、上流階級の人々であり、当事者対抗型刑事裁判が、弁護士を自ら委任することのできる富裕な当事者にとって有利な帰結をもたらす傾向があることは、当時の政策立案者にとって問題として意識されていなかった。

しかし、当事者対抗型刑事裁判は、その後、反逆罪の枠を超えて刑事裁判一般の特質となっていく。こうした変化が生じたのは一七三〇年代であったが、変化の明確な契機となる制定法、議会での発言等を見出すことはできない。最初の事例が裁判所の権威ある決定として記録されているわけでもない。個別の事件の訴訟運営における個々の裁判官の裁量判断により、徐々に成立した慣行と考えられる。このため、何がこの裁判実務の変化をもたらしたかについては、推測のみが可能である。

イェール大学のジョン・ラングベイン教授は、当時におけるロンドンへの人口の集中とそれに伴う犯罪の増大を背景として、犯罪の訴追に法曹実務家が携わるようになったこと、そして訴追側の用いた策略のために、偽証のリスクが増大したことを要因として掲げる。とりわけ、造幣局、イングランド銀行、財務省および郵便局は、通貨偽造等の訴追のために事務弁護士を利用した。また、私人間で犯罪の捜査と訴追のコストを分かち合うために結成された多くの重罪犯捜査・訴追組合（associations for the prosecution of felons）も、捜査と訴追の実務について事務弁護士を利用した。一八世紀の終わりには、訴追側が事実審において法廷弁護士（trial counsel）を利用することも日常化するに至った。訴追側のみが法曹実務家の補佐を受ける不均衡を放置してよいかという問題が生ずる。

他方、政府は増大する犯罪に対処するため、一七世紀末以降、重罪の犯人を訴追し有罪判決を勝ち取った者に報奨金を与える制度を導入した。これに対応して、職業的に重罪犯を捕縛し訴追する「捕り方（thiefrakers）」と呼ばれる職業が出現した。犯人一人あたり四〇ポンドを獲得しようとする捕り方にとって、真犯人と無実の容疑者とを区別する意味はない。報奨金制度は偽証へのインセンティヴを与えることになる。

さらに、共犯者の一部を不起訴として罪を問わない代わりに、他の被告人を訴追するための証人（the crown witness）とする手法もさかんに用いられるようになった。この手法は報奨金制度と密接に関連しており、報奨金を設営するいくつかの法律は、訴追側の証人となった共犯者に恩赦（pardon）を与える旨の規定を備えていた。専門的な警察組織が存在しない当時のイングランドにおいて、とりわけ組織犯罪に対処するために必要な手段であったことは否定しがたいものの、この訴追側の戦略も偽証のリスクを高めた。自身の命を救うためであれば、「共犯者」を有罪とするために何でも証言したくなるとしても不思議ではない。

治安判事の行なう予備審理の偏頗さも問題とされた。一七八〇年のある事件に際して、法務総裁のジェームズ・ウォレスは、ロンドンのボー・ストリート治安判事裁判所での予備審理について、「社会に最悪の帰結をもたらし、無実の可能性のある個人に加えられる侵害は、およそ補償の余地がない」と述べたと伝えられ、王座裁判所裁判官のマンスフィールド卿も、同治安裁判所での予備審理は「正義のあらゆる原則を覆す」と断じている。

以上のようなリスクに対処するために裁判所が採用したのが、事実審において被告人側に弁護人を附し、訴追側の証拠・証人を反対尋問等を通じて攻撃させることで当事者間の均衡を回復することであったというのが、ラングベインの見方である。冤罪を避ける手段として最も効果的とは言い難いが、裁判所として利用可能な手段であったことは確かである。

裁判所が採用した手段は他にもある。連鎖的に導入された、いくつかの証拠法上の準則がそれである。第一に、訴追側の証人が偽証を行なうリスクに対応するため、一七四〇年代になると、裁判官たちは、他に補強証拠がない限り、共犯者の証言のみでは被告人を有罪とし得ないとのルールを採用するようになった。被告人を有罪とする証拠が共犯者とされる者の証言のみであり、補強証拠がない場合は、陪審は無罪の評決を行なうよう指示された。

第二に、被告人の悪性格に関する証拠、とくに前科に関する証拠は、被告人側からの主張に対する反論として以外は証拠として認めないとのルールがある。ラングベインは、この準則がオールド・ベイリーで確立したのは一七一五年頃であると推測している。

第三に、任意性のない自白を有罪の証拠として用いるべきでないとのルールがある。ラングベインは、このルールが一八四〇年代に姿を現し、一八六〇年代に確立したとする。当初はこのルールが証拠の排除を命ずるものか、証明力の評価にあたって慎重さを求めるものかについて個々の裁判官の判断は分かれていたが、一八六〇年代には証拠排除のルールであるとの見方が優位を占めるに至った。

第四に、伝聞証拠の排除がある。このルールの起源については、当初は、伝聞が請求の基礎となり得ない（no evidence）ことによるとの議論、当初の発言者が宣誓していないことによるとの議論等があり、反対尋問にさらされることがないとの論拠が支配的となったのは、一八世紀の末から一九世紀の初めにかけてのことである。宣誓の欠如が問題とされるのは、宣誓した証人は虚言への神罰を恐れるとの信念があるからである。神への信仰が衰退したとき、それに代わったのは、真実発見の手段としての反対尋問への信頼であった。弁護士が法廷での弁論の主役となったことも、このルールの確立に貢献した。

職業法律家が主体となり、いくつもの証拠法のルールを規準として運営される英米型の刑事訴訟の成立は、強い経路依存性に支配されている。それが果たして、真実を発見する効果的な手段と言えるか、現在も結論が出ているわけではない。

＊本稿の作成にあたっては、主として次の文献を参考にしています。John Langbein, *The Origins of Adversary Criminal Trial* (Oxford University Press, 2003); Norman Poser, *Lord Mansfield: Justice in the*

Age of Reason (McGill-Queen's University Press, 2013); Richard Kay, *The Glorious Revolution and the Continuity of Law* (Catholic University of America Press, 2014).

5　フォークランド諸島　一九八二年五月二五日

フォークランド諸島は西島と東島からなり、両島は狭い海峡で分かれる。主都は東島の東端に位置するスタンリーである。両島は一九八二年四月はじめ以来、アルゼンチン軍の占領下にあった。本稿は冒頭で、紛争中の五月二五日を描く。

若干の状況の説明が必要である。アルゼンチン軍の主力は、主都スタンリーに集結している。スタンリーの空港は、赤道近くのアセンション島から繰り返し給油を受けながら飛来したイギリスの爆撃機ヴァルカンの攻撃を受けて滑走路が破損し、このため、アンゼンチンの高性能の戦闘爆撃機は、本土から飛来するしかない。五月二日にアルゼンチンの巡洋艦ベルグラーノがイギリスの潜水艦コンカラーによる魚雷攻撃で沈没し、三二一名の乗組員が犠牲となって以降、アルゼンチン海軍は目立った行動をとろうとしていない。五月二一日、イギリスの陸軍および海兵隊からなる部隊は、東島の西北端、サン・カルロスに上陸作戦を敢行し、橋頭堡を築いた。

五月二五日はアルゼンチンの独立革命記念日であり、軍の活発な活動が予想されていた。サン・カルロスの上陸部隊への航空機による攻撃に備えて、イギリスの機動艦隊司令官ウッドワード少将は、42型駆逐艦コヴェントリーと22型フリゲート艦ブロードスウォードを、東島と西島を分ける海峡の北端に派遣していた。

四機のスカイホークが現れ、二機が対となって各艦を攻撃した。シー・ハリアーが対応することも可能であったが、コヴェントリーのハート－ダイク艦長は、自艦の対空ミサイル、シー・ダートで対応可能と考え、シー・ハリアーに待機を命じた。ハリアーのサイドワインダー・ミサイルは、艦船の対空ミサイルよりは信頼できたのだが。

ブロードスウォードは、シー・ウルフ・ミサイルで対応しようとしたが、接近する二機のスカイホークが、ほとんど翼を接していたために防空システムが混乱を起こし、ミサイルが発射されない。キーボードを叩いて発射モードを変更している三秒間に、スカイホークは四発の爆弾を投下し、そのうち一発が海面で跳ね返った後、ブロードスウォードの艦尾近く、水線上約五フィートに命中し、そのまま上昇して飛行甲板に突き抜け、リンクス・ヘリコプターを破壊した。

続く二機はコヴェントリーを攻撃する。ブロードスウォードのモード変更後のシー・ウルフが対応すべき相手であったが、敵機に船尾を向ける防御行動をとったコヴェントリーがちょうど、ブロードスウォードとスカイホークの間に入り込み、ミサイルは発射されない。投下された爆弾のうち三発がコヴェントリーに命中した。不幸にも同艦が防御行動で方向を変えた結果、爆弾は艦内を縦走した後、左舷に大きな穴を空け、同艦は大きく傾いた。一九名の乗組員が死亡し、三〇名が負傷した。

コヴェントリー被弾のニュースが機動艦隊の旗艦ハーミーズに届いて一〇分余の後、機動艦隊本体が攻撃に見舞われた。エグゾセ・ミサイルを搭載したスュペル・エタンダール二機が北方から接近し、合わせて二発のエグゾセを発射した。

空対艦エグゾセAM－39は、スュペル・エタンダールから一〇メートルほど落下するとロケットが点火し、海面上を低く飛行する（exocet は飛び魚を意味する）。一発は直近のフリゲート艦アムバスケイドに向かったが、同艦はシャフ（ミサイルのレーダーを攪乱する金属片）を発射し、エグゾセは新たな獲物を目指して飛行を続けた。

機動艦隊は、空母インヴィンシブルとハーミーズを中核とする。二隻の空母を輸送船団が囲んでシールドを構成していたが、その北端に位置するアトランティック・コンヴェイヤーにエグゾセは命中した。二発がいずれも命中したと考えられる。

アトランティック・コンヴェイヤーは民間から徴用されたコンテナ輸送船で、ハリアー戦闘機や各種のヘリコプターの運搬を任務とし、シャフの発射装置は備えていなかった。一二名の乗組員が死亡し、ウェセックス六機、チヌーク三機、リンクス一機の計一〇機のヘリコプターが失われた。とくにチヌーク三機の損失は上陸部隊の作戦に大きく影響した。彼らは、東島を徒歩で横断してスタンリー攻撃に向かわざるを得なくなる。

五月二五日は機動艦隊にとって最悪の日であった。ウッドワード少将は後に、「ボス、おれ達は負けだ」と本国に連絡したくなったと告白している。

エグゾセAM－39は、すでに五月四日、イギリスの42型駆逐艦シェフィールドを撃沈していた。アルゼンチン南端のリオ・グランデ基地を発進し、西方から機動艦隊に接近した二機のスュペル・エタンダールは、現地時間の一一時過ぎに計二発のAM－39を発射した。一発は燃料切れで海中に没したと考えられている。残る一発は、空母を防御する最前列のシールドを構成する駆逐艦団のうち、南端のシェフィールドの右舷、水線上約六フィートに命中した。折悪しく、シェフィールドは通例の衛星交信を行なっており、そのためスュペル・エタンダールとエグゾセがレーダーで用いる周波数帯が占用され、攻撃の探知が遅れた。エグゾセの飛行時間は約二分である。艦上の乗組員が飛来するミサイルを発見したとき、すでになす術はなかった。エグゾセは爆発はしなかったものの残る燃料が艦内で大規模な火災を引き起こした。四時間半に及ぶ消火活動の末、ソルト艦長はシェフィールドを放棄する判断を下した。火災はシー・ダート・ミサイル庫に迫っていた。乗組員二〇名が死亡し、二四名が負傷した。

開戦前、アルゼンチンは五発のAM－39を購入・保有していた。そのうち三発が、イギリス軍に大きな打撃を与えた（五月二八日に駆逐艦グラモーガンを撃沈した艦対艦エグゾセMM－38を含めれば四発になる）。アルゼンチンがさらにエグゾセを獲得し、それらが仮に機動艦隊の空母の一隻にでも命中していれば、戦況は大きく転換していたはずである。

エグゾセはフランスのアエロスパシアル社の製造にかかる。スュペル・エタンダールもフランスのダッソー・ブレゲ社の製品である。

一九八一年に大統領に就任したフランソワ・ミッテランは、イギリス贔屓で有名であった。彼は女性であるサッチャー首相を対等な存在として扱う数少ないヨーロッパ首脳の一人でもあった。アルゼンチン軍侵攻の翌日、ミッテランはサッチャー首相に電話をかけ、イギリスへの支持を約束した。予期していなかったこの電話にサッチャーは感激し、「この速やかで時宜に即した、力強い支持の表明は決して忘れない」と後年、述懐している。ミッテランは、アルゼンチンへの武器輸出を直ちに停止し、同時にペルーへの武器輸出も停止した（最終的な引き渡し先がアルゼンチンである可能性があった）。駆逐艦シェフィールドの沈没を受けて、彼はスュペル・エタンダールをイギリス軍基地に急派し、その性能をイギリスに開示するよう軍関係者に指示している。

ミッテランのサッチャーに対する支持は、個人的な思いのみによるものではない。イギリスと同様、フランスも、インド洋のマヨットやレユニオン、メキシコ沖のクリッパートン島等の海外県・海外領土等を領有しており、フォークランドを実力で奪取しようとするアルゼンチンの軍事独裁政権の試みが成功すれば、これら遠隔の地に改めて関心を示す国は少なくなかったはずである。

しかし、フランスの国益はつねにイギリスの国益に寄り添っているわけではない。大規模な国有化政策を含めたミッテラン就任当初の経済政策は失敗に終わり、フランスは深刻な不況に喘いでいた。フランスの防衛産業は有力な輸出産業であり、南アメリカ諸国は、アルゼンチンを含め、兵器の主要な輸出先である。一九七八年に、当時のジスカール・デスタン政権はアルゼンチンに対して二億ドルの低利融資を行ない、エグゾセ・ミサイル三〇発、スュペル・エタンダール一六機等の兵器をアルゼンチンに売却する契約が締結されていた。しかし、フォークランド紛争開始前にアルゼンチンに引き渡されたAM－39は、前述のように五発のみである。紛争が始まると、アルゼンチンは従前の一・五倍の価格でエグゾセを購入したいとの意向を示した。エグゾセがイギリス艦艇を相手に示した成果は、フランス防衛産業が販路と収益を拡大する絶好の機会を提供した。ダッソー・ブレゲ社の技術専門家グループが紛争中のアルゼンチンに滞在し、ミサイル発射装置の適切な作動等につき、軍に助言していたとの情報もある。

第二パラシュート大隊が東島とラフォニア半島とを結ぶグーズ・グリーン地峡で、アルゼンチン軍の塹壕をミラン対戦車ミサイルや手榴弾等を使って一つ一つつぶしていく激闘を繰り広げていた五月二九日、ミッテランはサッチャーに再び電話をかけ、エグゾセのペルーへの引き渡しを検討中であることを伝えた。イギリスを支えようとするミッテランの意思は、明らかに腰砕けになろうとしている。イギリス政府は、ペルーが購入するエグゾセの最終的な届け先がアルゼンチンであることに、疑いを抱いていなかった。六月一四日にスタンリーが陥落し、フォークランド紛争がイギリスの勝利に終ったとき、英仏関係は緊張の極みに達していた。

アルゼンチン軍が降伏した約二ヶ月後の八月一〇日、フランス政府は早くも兵器の輸出禁止措置を解除している。当時、イギリスの防衛大臣であったジョン・ノット卿は、フランス人は表裏のある（duplicitous）人々かと訊かれ、「もちろんフランス人には表裏がある。彼らはずっとそうだった」と率直に回答している。

フォークランド諸島の名前は、一六九〇年に上陸したジョン・ストロング艦長が、両島を分ける海峡を、当時の海軍大臣の名前にちなんでフォークランド海峡と名付けたことに由来する。一六九八年以降、アザラシ猟を行なうフランス人が頻繁に島を訪れ、彼らの母港であるサン・マロ（St Malo）にちなんでマルイヌス諸島と呼んだ。アルゼンチンによるマルヴィナス諸島という呼び名は、これに由来する。一七六四年には、東島のポート・ルイスにフランス人の居住地が設営されている。

一七六五年、イギリス政府から派遣されたジョン・バイロン艦長が、フォークランド諸島がイギリス王ジョージIII世領であることを宣言した。

一七六七年にスペイン政府は、同諸島がスペインのラプラタ王領に帰属すると主張してフランス政府と交渉に入り、フランス政府は金銭の支払いと引き換えにスペイン政府の主張を受け入れた。その後、スペインとイギリスの間での支配権争いや、スペインから独立したアルゼンチンによる実効支配の試みがあったが、一八三三年にイギリスの軍艦クレイオで来島したジョン・オンスロウ艦長とその部下が島からアルゼンチン人を追い出し、それ以降、スタンリーを拠点とするイギリスの実効支配が継続してきた。

アルゼンチンによる侵攻直後の一九八二年四月二日に採択された国連安保理決議五〇二は、アルゼンチン軍の即時撤退を求めるとともに、アルゼンチンとイギリス、両国政府に対し、見解の対立を外交的に解決することを求めている。

イギリスはなぜ、遠く南アメリカ大陸南端近くの、二〇〇〇人弱（現在は約三〇〇〇人）の人々と約六〇万頭の羊が棲む、四国の三分の二ほどの大きさの島々の領有権に固執し、それを回復するために民間徴用船の乗組員を含め、全軍で二五〇名に及ぶ犠牲を払ったのだろうか。ドーバー海峡の対岸諸国にもさして関心を示さない国民なのに。

住民のほとんどがイギリスへの帰属を望んでいること（住民の自決）も、もちろん重要であろう。周辺の海底で原油が採掘される可能性があることも考慮要素である。さらに、フォークランド諸島はそれだけで存在するわけではない。南ジョージア島、南サンドウィッチ諸島、そしてイギリスが領有権を主張する南極地域（南極大陸を円と見立てればその六分の一）も、フォークランド総督府の管轄である。アルゼンチンの侵攻を放置すれば、ジブラルタル等、他の海外領土の領有問題への波及が懸念されたことも想像に難くない。そして五月二五日に機動艦隊が受けた損害、さらに五月二七〜二九日のグーズ・グリーンでの激戦を経た後は、もはや外交的手段を通じた平和的解決は、死傷したイギリス兵に対する侮辱と映ることとなり、政府の採り得る選択肢から外された。

しかし、イギリスが交渉ではなく、戦闘を通じてアルゼンチンに勝利を収めた結果、アルゼンチンとの対立を抱えたまま、本国から遠く離れたフォークランド諸島を多大のコストをかけて維持し続けるという帰結がもたらされた。紛争開始直前にサッチャー内閣が行なった砕氷巡視船エンデュアランス退役の決定は、こうしたコスト負担の増大とは逆向きのベクトルに沿っていたはずである。エンデュアランスの退役決定は、イギリスはフォークランド諸島を放棄しようとしているとの印象をアルゼンチン政府に与え、侵攻を導く一つの判断要素となった。

イギリスは果たして「勝利」したと言えるのだろうか。

＊本稿の作成にあたっては、主として次の諸文献を参照しました。D. George Boyce, *The Falklands War* (Palgrave Macmillan, 2005); Martin Middlebrook, *The Falklands War* (Pen & Sword Military, 2012); R. T. Howard, *Power and Glory: France's Secret Wars with Britain and America, 1945-2016* (Biteback Publishing, 2016).

6　巡洋艦ベルグラーノ撃沈　一九八二年五月二日

ウンベルト・エーコは、ハーヴァード大学ノートン詩学講義の中で、フォークランド紛争にまつわる次のような逸話を取り上げている（『小説の森散策』和田忠彦訳（岩波文庫、二〇一三）一八一頁以下）。アルゼンチン軍によるフォークランド諸島上陸の直前にあたる一九八二年三月末にアルゼンチン軍が南ジョージア島に上陸した直後、イギリスの原子力潜水艦シュパーブが南大西洋に派遣されたとの情報が、イギリス各紙で報道された。イギリス政府は、潜水艦の動静を明らかにするつもりはないと繰り返し表明した。シュパーブが南大西洋で発見されたとの情報がピンぼけの写真とともに報道された後、四月二三日になって、スコットランドの新聞『デイリー・レコード』が、シュパーブは実はこの間、スコットランドのファスレーン潜水艦基地を一度も離れていなかったことをすっぱ抜いた。全くのフェイク・ニュースだったというわけである。

ピーター・ヘネシーとジェームズ・ジンクスによる著作 *The Silent Deep* によると、シュパーブは実際には、三月二六日にジブラルタルを出航し、北大西洋でソ連の潜水艦を探索・追尾する活動に従事していた。しかし、シュパーブが南大西洋に向かったとの憶測を、イギリス政府は否定はしなかった。当時のワシントンDC駐在の英武官ロン・ディックの言葉を借りるなら、「原子力潜水艦が沖合に潜んでいるとアルゼンチン側が信じていることには、実際に原子力潜水艦がそこにいるのと同じくらいの価値がある」からである。シュパーブは、虚構の信憑性を維持するため、四月一六日、隠密裏にファスレーン基地に帰投した。

アルゼンチン軍によるフォークランド諸島占領前、イギリス政府内部では、同諸島が占領されれば奪還は不可能という見方が、防衛省を含めて支配的であった。しかし、「我々には奪還可能だし、奪還すべきです」というヘンリー・リーチ海軍軍令部長の進言を受けて、サッチャー首相は機動艦隊の派遣を決断する（以下、時刻表示はイギリス軍が使用したグリニッジ（Zulu）標準時により、たとえば一〇時四〇分は、1040z時と表記する。ブエノスアイレスとの時差はプラス三時間、サマータイム期間中の当時のロンドンともマイナス一時間の時差がある。フォークランド現地の夜明けは1030z時頃、日没は2015z時頃である）。

首相を含めた関係閣僚会議（the War Cabinet）は、フォークランド諸島を中心とする半径二〇〇マイルの進入禁止海域（maritime exclusion zone）を設定し、同海域内で確認されたアルゼンチンの軍艦・補助艦船は、イギリス軍による攻撃対象となる旨を宣言する。実施にあたるのは、分担する海域を指定された三隻の原子力潜水艦である。

関係閣僚会議はさらに、潜水艦の交戦規則（rules of engagement）を策定する。進入禁止海域内で、アルゼンチンの軍艦、潜水艦および補助艦船であることが確認された艦船は攻撃することができる。そして、自艦が攻撃されたときは、進入禁止海域の内外に関わりなく必要な限度で自衛措置をとることが認められる。交戦規則は国際法、国内法の範囲内で、国際政治上のインパクトをも考慮した上で策定される。

この交戦規則は、その後何度か改定される。まず、アルゼンチンの空母「5月25日 Veinticinco de Mayo」（かつての英空母ヴェネラブル）は、進入禁止海域外の公海上からも、イギリスの機動艦隊に深刻な打撃を加える能力を備えている。この空母を攻撃する適性が最も高いのは、原子力潜水艦である。魚雷が命中しても空母乗組員の多くは脱出する暇があるし、周囲の護衛の艦船も救出活動にあたることができるであろう。そこで、空母に限っては、進入禁止海域外であっても、アルゼンチンの領海外であれば、攻撃対象にできるよう交戦規則は改められ、それに応じてアルゼンチンへの警告が行なわれた。

フォークランド諸島の北方海域を担当するイギリスの原子力潜水艦スプレンディッドとスパルタンはしかし、空母「5月25日」を発見できないでいた。

他方、五月一日午後、フォークランド諸島の南方海域を担当する原子力潜水艦コンカラーは、アルゼンチンの巡洋艦ベルグラーノ（かつての米艦フェニックスで、真珠湾攻撃の生き残り）を発見し、追尾を開始していた。ベルグラーノは、進入禁止海域南端の外側を護衛の駆逐艦二隻とともに航行している。

フォークランド諸島東方に位置するイギリス機動艦隊の司令官ウッドワード少将は、苦境に陥った。空母「5月25日」については、攻撃の許可はある。偵察に出たシー・ハリアーのレーダー・コンタクト等から総合すると、空母を中核とする四～五隻の艦船が北西方面から迫りつつあるが、その正確な位置は特定できていない。他方、南方を航行する巡洋艦ベルグラーノと護衛の駆逐艦は、いつ北方に向かうとも分からない。駆逐艦は強力な艦対艦エグゾセ・ミサイルを装備しており、巡洋艦の主砲の射程はイギリス艦船のそれより長い。コンカラーがベルグラーノを追尾してはいるものの、進入禁止海域の南端にあるバードウッド堆は水深が浅く、それを越えてコンカラーが追尾することは困難である。機動艦隊は、二日の夜明け（1040z時）と共に、北と南から典型的な挟撃を受けるリスクに直面している。しかし、位置を把握しているベルグラーノが進入禁止海域外にいる限り、現在の交戦規則では攻撃できない。交戦規則は変更される必要がある、それも一刻も早く。

ウッドワード少将は二日の0811z時、潜水艦隊との連絡の衝にあたるジェフ・トール中佐に、ベルグラーノの撃沈指令をコンカラーに発するよう命じた。トール中佐は、「それはその、交戦規則に根拠がありません、海将」と応ずる。「私の命令に違背するつもりか」と言われて、事の深刻さを察したトールは、コンカラー宛てにベルグラーノ艦船団を攻撃せよとの指令を発出した。この指令は、交戦規則に違背しているだけではない。機動艦隊司令官であるウッドワードには、潜水艦に直接指令を下す権限がなかった。潜水艦隊は別個の艦隊を構成しており、その指令権限はイギリス本国のノースウッドに所在する潜水艦隊司令部のピーター・ハーバート大将にある。ハーバートはかつて、原子力潜水艦ヴァリアントでウッドワードの上官であった。

トールの発出した指令は衛星回線による潜水艦連絡システムを通じて、潜水艦隊司令部に届く。ハーバートはコンカラーがダウンロードしないよう、直ちにその指令を連絡システムから削除させたが、他方で、統合幕僚本部を通じて関係閣僚会議の即時開催を進言した。明白に規律に違反するウッドワードの異常な行動は、彼がきわめて深刻な状況に置かれていることを示している。

関係閣僚会議は、たまたま首相の週末用の公邸で開催が予定されていた閣議の直前、全員が立ったままで開かれた。1145z時、空母と同様、他の軍艦もアルゼンチンの領海外であれば攻撃対象とするよう、交戦規則は改められ、ベルグラーノ撃沈の指令が直ちに発せられた。

折悪しく、コンカラーの通信用のマストは不具合を起こしており、副艦長は指令の数次にわたる通信を一時間かけてつなぎあわせ、巡洋艦撃沈が可能となった旨をレフォードーブラウン艦長に伝えた。ウッドワードからの撃沈指令が撤回された旨の通信文が混乱を招き解読に時間を要したが、交戦規則が変更され、ベルグラーノを撃沈する権限が与えられた旨が判明した。艦長は自身で指令文を確認し、航海長の確認も求めた。艦長は、第二次大戦期から使用されている魚雷マーク8を使うことにした。弾頭が大きく、船殻を貫通する蓋然性が高い。五月二日1857z時、コンカラーは三発のマーク8を一四〇〇ヤードの距離から発射し、二発がベルグラーノに命中した。爆発自体で約二〇〇名の乗員が死亡し、火災が拡がった。その後の救助活動にもかかわらず、あわせて三二一名が死亡した。

魚雷の命中と爆発を確認したコンカラーは水深五〇〇フィートまで潜行し、敵駆逐艦の投下する爆雷の音が響く中、二二ノットで南東へ退避した。

これに先立つ同じ五月二日の0113z時、アルゼンチン海軍のファン・ロンバルド総司令官は、イギリス機動艦隊を南北から攻撃するよう指令を発していた。空母艦載機スカイホークによる大規模な攻撃が準備されたが、爆弾と燃料を満載したスカイホークが離艦するには風速が足りず（四〇ノットが必要）、0445z時、夜明けの攻撃は中止された。攻撃が実施されていれば、関係閣僚会議による交戦規則の変更は、間に合っていなかったはずである。ベルグラーノも攻撃中止命令を受けて0818z時、南西方向に舵を切っていた。しかし、これはアルゼンチン海軍による攻撃のリスクが消え去ったことを意味しない。

サッチャー首相は回顧録の中で、「ベルグラーノの撃沈は、フォークランド紛争における最も決定的な軍事行動の一つであることが判明した」と述べる。これ以降、アルゼンチン海軍の艦船は、自国の領海を出ることはなかった。その後のイギリス艦船の度重なるミサイル被弾を受けて、領海内の艦船も潜水艦で攻撃すべきだとの意見がイギリス政府部内で出されたが、関係閣僚会議では法務総裁（Attorney General）が繰り返しそうした主張を否定した。「領海を出ればYes、そうでない限りはNo」。

フォークランド紛争に際して、イギリス政府がポラリス潜水艦をアセンション島近海に待機させ、機動艦隊の空母が撃沈された場合は、アルゼンチンの主要都市、たとえばコルドバを核攻撃する準備をしていたとの憶測がある。

派遣されたとされるレゾリューションは、実際には北大西洋を巡視していた。潜水艦隊司令官のハーバート大将は、ポラリス潜水艦が南方へ派遣されたとの噂について、「全く下らない（Absolute rubbish）」と否定している。

ポラリス潜水艦派遣の噂と符合する話が、フランソワ・ミッテラン大統領のかかりつけの精神分析医であったアリ・マグディの日誌にある（Ali Magoudi, *Rendez-vous: La psychanalyse de François Mitterrand* (Maren Sell, 2005), pp. 48–50）。マグディによれば、駆逐艦シェフィールドが空対艦エグゾセ・ミサイルによって撃沈された数日後の一九八二年五月七日、ミッテランは面談予約に遅れて到着した。

すみません、先生。鉄のご婦人との諍いを収めなければならなかったもので。どうしようもない女ですな、あのサッチャーは。我々がアルゼンチンに売却したミサイルのレーダーを無効化するコードを渡さなければ、四隻の原潜でアルゼンチンを核攻撃すると脅すんですから……毛むくじゃらで凍えてる羊が三頭ばかりいる島のために核戦争を引き起こすなんて。私は引き下がりましたよ。そうしないと、あの鋼の人指し指でボタンを押しかねない。

マグディの伝える「コード」は、おそらくエグゾセのレーダー・ガイダンス・コードである。しかしその後も、イギリスの艦船はエグゾセの被弾で多大の損害を被っている。フォークランド近海にいた三隻の原子力潜水艦に核攻撃能力はない。

ただ、サッチャー首相が核兵器使用の可能性を考慮したことは、確かなようである。防衛省事務次官であったマイケル・キンラン卿は、次のように述べる。

フォークランド戦争終結後のある機会に、彼女が核兵器使用の可能性を考慮するつもりがあったと話したことを憶えている。それは身の毛がよだつような恐るべき示唆であったが、彼女はたしかにそう話した。

フォークランド紛争は、冷戦が西側の勝利で終わったことに貢献したとの見方がある。紛争終結後、あるソヴィエトの将軍はサッチャーに、「我々はイギリスがフォークランド諸島のために戦うはずはないし、戦ったとしても負けると確信していた。あなた方はいずれについても我々が誤っていたことを証明したし、それを我々は忘れない」と述べたとのことである。レーガン政権の海軍長官であったジョン・リーマンは次のように述べる。

南大西洋でのイギリスの行動は、ソ連の意思を挫くにあたって大きく貢献した。

フォークランド紛争前、モスクワはヨーロッパを張り子の虎とみなし、ヨーロッパ人には戦う意思も肚もないと考えていた。彼らの戦略は、それを前提として構築されていた……マーガレット・サッチャーがフォークランド諸島のために戦う決断を下したことは、ソ連指導層に衝撃を与えた。西欧に関する彼らの信念は揺るがされ、NATO軍を真剣に受け止めざるを得なくなった。

イギリスの勝利は、必然ではなかった。五月二日早朝の空母艦載機による大規模空襲が予定通りに遂行されていたら、コンカラーがベルグラーノの追尾に失敗していたら、機動艦隊は南北からの挟撃によって壊滅的打撃を受け、ソ連が予想していた通りの結果となっていたかも知れない。発生すること自体、誰も想像してもいなかった戦争は、誰も思ってもみなかった帰結をもたらしたのだろうか。

＊本稿の作成にあたっては、主として次の諸文献を参照しました。Lawrence Freedman, *The Official History of the Falklands Campaign*, vol. 2: War and Diplomacy (Routledge, 2005); Martin Middlebrook, *The Falklands War* (Pen & Sword Military, 2012); Peter Hennessy and James Jinks, *The Silent Deep: The Royal Navy Submarine Service since 1945* (Allen Lane, 2015).

スティーヴン・スピルバーグ監督の映画「ペンタゴン・ペーパーズ」でメリル・ストリープが演じたのは、当時のワシントン・ポストの社主であり発行人であった、キャスリン（ケイ）・グレアムである。ケイとアイザィア・バーリンとは親友であった（この点に改めて注意を喚起して下さった濱真一郎さんに御礼申し上げる）。Chatto & Windus 社から刊行された四巻からなるバーリンの書簡集には、ケイ宛ての手紙が何通か含まれる。

バーリンは、一九六五年の三月から四月にかけて、ワシントンDCのナショナル・ギャラリーでA・W・メロン記念講義を行なうよう依頼された。講義の内容はバーリンの没後、*The Roots of Romanticism*（Chatto & Windus, 1999）として出版されている。

バーリンは自身の仕事ぶりに自信満々という人間ではなかったし、他人の評価を少なからず気にかけてもいた。講義開始に先立つ一九六五年三月五日付の書簡でバーリンは、ケイに次のように書き送っている（Isaiah Berlin, *Building: Letters 1960-1975*, eds. Henry Hardy and Mark Pottle (Chatto & Windus, 2013), pp. 219–20）。

あの呪われた講義の準備を懸命にしているところだが、一回目について粗筋を書き上げただけだ。残りがどうなることやら。〔…〕講義のおかげで気が滅入る。親切な二人の友人からの手紙のおかげでもあるが。二人ともかつての僕の学生で、一人はホワイト・ハウスに、もう一人は国務省に務めている。二人によると、僕に関する気に障るふざけた記事がワシントン・ポストに掲載されたとか。一人は「悪意に満ちたふざけた記事」と言っている。もう一人は、その記事が、例の退屈きわまりないアーヴィング・バーリンについての逸話を紹介した上で、僕が「言語障害」だとか、講義が下手くそだとか（全くその通り！）書いていると伝えてくれた。メロン講義の前任者のケネス・クラーク卿やゴンブリッチ教授について、こんな記事が出たことはないと言って、（ワニの涙の気はあるが）僕に同情してくれている。ああ、何たることだ。こんなこと、気にしなければいいんだけれど。コメディアンであるかのように書かれるくらいなら、あからさまな敵意の方がまだましだ。二人の手紙は大げさに言っているのかも知れない。しかし、二人はお互いを知らない仲で、その二人ともが怒りをこめて伝えている。君のスタッフに、僕を放っておいてくれるよう頼んではもらえないだろうか。そうしてくれると、本当に助かる。

　僕は今や世間とは没交渉の引きこもった暮らしぶりで、さらし者にするには値しないはずだ。真面目なところ、僕が優秀な人間でないことは分かっているつもりだ。だが、僕はセシル・ビートンやイゴー・カッシーニやグルーチョ・マルクスとは違う。

やっとのことでイギリスで、とくにオクスフォードで、ひっそりとした平穏な暮らしを取り戻したところだ。ワシントンで会うのが楽しみだ（会えると思うんだが）。私的に会うということだよ。こんな取りとめのない手紙はそろそろやめないと。君のせいじゃないことは分かっているんだ。ただ、僕のことを可哀相だと思ってくれないかなぁ。ジャーナリストたちがプライバシーの侵害者で、まともな人間たちとは言えないこと、公人でもない者を衆人環視の下で辱めようとする奴らだということを分かってもらいたいんだ。それとも、善いときも悪いときも（through thick & thin）彼らを守り続けるつもりかな？　それとも、悪いときだけ？〔…〕

一日暇にして、新聞を読んでいられたらと思うよ。他人についてのゴシップ記事を読むのは大好きなんだ。でも自分が記事になると死にそうにつらい。君が特別に配慮に富み、物分かりがよくて、思いやりがあることを望んでいる。本当にお願いだ。

愛をこめて、アイザィア

相当に気にかかっていたことが分かる。社主との私的な関係を利用して、自分に関して特別に編集に圧力をかけてもらおうとしたわけである。バーリンにとって、新聞記者は政治権力と果敢に戦う英雄たちの集団というわけではなかったこともうかがわれる。「言語障害」は言い過ぎで、彼が早口で吃音気味であったことを示唆しているのだろうが、前出の *The Roots of Romanticism* には、彼の講義を録音したＣＤが付録でついていて、聴くとなるほどと思わされる。

手紙の中に出てくるアーヴィング・バーリンは、アメリカのポピュラー音楽家で、「ホワイト・クリスマス」を作詩作曲したことで有名である。彼とアイザィアに関わる逸話とは、次のようなものである（さまざまなヴァージョンが伝えられている）。

アイザィアは第二次大戦中、ワシントンＤＣのイギリス大使館に勤務していた。主な任務は、アメリカの政治情勢について本国政府に毎週、報告することである。彼の作成した報告書の数々は*Washington Dispatches, 1941-1945: Weekly Political Reports from the British Embassy*（University of Chicago Press, 1981）として後に刊行されている。彼の報告はイギリス政府内で高く評価され、とくにチャーチル首相が気に入っていた。

一九四四年二月はじめのある日、チャーチル夫人のクレメンタインが、「あなた、アーヴィング・バーリンがロンドンに来ているそうよ。彼は戦災基金に寄付をしてくれたりして、とても思いやりのある人なの。会うことがあったら、お礼を言ったらいいと思うわ」と言ったところ、チャーチルは「ランチに招待しよう」と即答した。夫人は驚いたものの、言われた通り、首相官邸で文武の高官を交えた昼食会を準備し、サヴォイ・ホテルに宿泊していたアーヴィング・バーリンを招待した。

食事も終わりに近づき、チャーチルは隣席のアーヴィング・バーリンに、「私の友人のルーズベルト君が再選されるチャンスはどれくらいあるかな」と尋ねたところ、「その可能性は十分あると思います、首相。かりに彼が立候補しないとしたら、私は誰にも投票するつもりはありません」と答えた。チャーチルは驚愕して「何と、君はアメリカで投票するつもりか」と述べ、「教授が選挙権を享受することとなれば、英米の協力関係にとって吉兆だ」とブツブツ言い、次に「この戦争はいつ終わるかな」と尋ねた。アーヴィングは「私は帰国いたしましたら、チャーチル首相が官邸でこの私に『この戦争はいつ終わるかな』とお尋ねになったことを子供たちや孫たちに報告いたします」と返答した。首相秘書官のジャック・コルヴィルは、アーヴィングが困惑している様子を見て、テーブルの下でチャーチルの足をつついたのだが、何も分かっていないチャーチルは、「何でおまえは私の足を蹴るんだ」と叱責し、さらに「君がなし遂げた最大の功績は何だと思う」と尋ねたところ、「さあ、ホワイト・クリスマスでしょうか」との答を得た。まったく訳の分からなくなったチャーチルは憤然と席を去り、昼食会はお開きとなった。

秘書官のコルヴィルが事情を説明し、誤解の解けたチャーチルはその日の午後の閣議でこの話を披露し、噂はイギリスの政官界に広まった。アイザィアはホワイト・ホール周辺で、ちょっとした有名人だったことになる。このゴシップ・ネタをワシントン・ポストが紹介したようである。

アイザィア・バーリンは、日本についてどのような感想を持っていたのだろうか。彼は夫人のエイリーンとともに、一九七七年四月に三週間ほど、国際交流基金の招待で日本を訪問している。実質的な連絡役であった丸山真男への返礼の手紙が書簡集に残されている（Isaiah Berlin, *Affirming: Letters 1975-1997*, eds. Henry Hardy and Mark Pottle (Chatto & Windus, 2015), pp. 52–53）。

私も妻も、三週間にわたる日本滞在の間、美と未知の極みである高貴で鮮明な夢の中をさまよっていたように感じています。卓越した経験で、ある意味、私が人生で受けた最大の文化的衝撃でした。ただし（これは私の性格の浅薄さを示すものでしょうが）心乱されるものでありながら、つねに快いものでした。ときには欲しいのに手の届かないような感覚。不可解だからではなく、無限の多面性に向けて開かれているためです。それぞれの扉がやはり無限の多面性へと通ずる次の間に開かれているといった具合で。各部屋はそれだけできわめて心地よいのですが、扉の向こう側にはさらに何があるのかと思わされる。十分に明瞭に表現することができません。こうした私のロマン主義的呪文は、日本での経験がいかに未知の、そしてすばらしいものであったか、それを言わんとしているのです。私たちがオクスフォードで会ったとき、日本の都市と経済生活のこれほどまでの近代化と西欧化にもかかわらず、日本固有の文化が確固として保持されていることを、あなたは警告してくれませんでした。くわえて、イングランド、さらにとりわけアメリカが、粗野で混乱し、まやかしで規律ないものに見えるに違いないことも。ただこれも、たった三週間の日本の経験に基づく感想ですが。

表面のごく一部を見たにすぎない暮らしと文明について、一般化する資格が一体私にあると言えるでしょうか［…］。

おそらく中国でさえ、西洋人にとって日本よりは理解可能でしょう。中国の外国人とのつきあいはより長く、継続的で順応している程度も大きいですから。しかし、この閉鎖性はすばらしい。壁を突き崩し、すべての人の間に親愛な関係を作り上げ、そして行き過ぎるところまでも行こうとする希求の心も。潔癖症の引きこもりはある種の芸術的創造と精神的自己保存の前提条件で、それなしにはすべての価値は同化され、単一化します。つまりみんな蒸発して消えてなくなる。

私がお伝えしたいのは、すべてあなたのお蔭であることを承知しているということです。上品ぶった手紙をこれ以上続けるのはやめて、これが私たちの人生で最もすばらしい外国訪問であったこと、再度日本を訪問することがあったとしても、この訪問には及ばないであろうことを申し上げます。あなたには深く感謝し続けることになるでしょう。私はＶＩＰ待遇には慣れてはいませんが、それでさえ決して鬱陶しくも行き過ぎもしない、精妙な気配りと礼儀正しさをもってなされていました。これ以上、書き連ねるのはやめなければ。私の本当の思いを表現することができない、それはお分かりいただけるでしょうが、日本訪問が無類の、かつ楽しいものであり、それをあなたがもたらしたこと、そのことをお分かりいただきたいのです。

バーリンがライオネル・トリリング夫人のダイアナに送った手紙では、日本での経験が若干異なる陰影をもって描かれている（ibid., pp. 50–51）。

変わった国だ。儀礼は精妙で終わることがない。ライオネルは日本に来たことがあるかな。彼はこの地での控えめな気配り、そして誰の気にも少しでもさわらないようにするために人々がかける無数の手数も、気に入ると思う。儀礼によって抑圧され、規律された互いの感情への神経質な配慮、それが練り上げられたゲームとなり、魅惑的で洗練された、ときにきわめて滑稽な様相を示す。みんな終わりのない様式劇の役者として人生を送っているかのようだ。そこではすべての演技は予測可能で、しかしきわめて優雅に演じられるので、つねに快い。人間関係と言われるものの中で最も奇妙でかつ無類のものだ。私の講義も、上品で無表情な、おそらくは英語が全く理解できない聴衆相手にしている。心地よい、それでもね［…］。

限りない様式美に従ってひたすら暮らす人々という日本人像は、アレクサンドル・コジェーヴも共有していた（アレクサンドル・コジェーヴ『ヘーゲル読解入門――『精神現象学』を読む』上妻精・今野雅方訳（国文社、一九八七）二四六―四七頁）。コジェーヴによると、すべての個人が等しく尊厳ある存在として普遍的に承認される社会への到達を目指す人類の歴史は、現代の日本においてすでに終着点に到達している。歴史の目的が達成されたとき、歴史は終わりその歩みを止める。日本ではそのため、人々はあらゆる実質的意義と目的を抜き取られた純粋な様式——茶の湯、生け花、能——に耽溺し、思考を好む者は新たな知の探究——哲学——の途が閉ざされているために、ただひたすら瞑想（座禅）にふける。かと思えば、自らの命を犠牲にして、切腹や特攻といった全く無意味な演技に興じてみせる。

歴史の発展も知の発展ももはやない。何の根本的変化もない状態では、実質的な意義と目的は、人の活動にあり得ない。永遠に繰り返される様式美のコードの中で、自らに与えられた役柄を演じ続けることだけが残されている（最近では演技に疲れた人たちがインターネットで自分の「真情」と称するものを吐露する演技がはやっているようではあるが）。

コジェーヴによると、いずれ世界はすべて日本化する。バーリンの観察と異なり、日本は唯一無二であるどころか、全人類の歩みを先導している。そうなれば、世界中のあらゆる国で、理念の抜き取られた「真の規制改革」が目指され、必要性の全く欠けた「真の憲法改正」が唱導され、平和とは何の関係もない「積極的平和主義」が提唱され、中央銀行は目的の蒸発した「物価安定の目標」を掲げ、何のためかさっぱり分からない総選挙が繰り返し実施されることになるのであろう。

喜ぶべきか否かは問題にならない。それは終焉へと向かう歴史がもたらす必然である。我々は真剣に演技する必要がある。

＊本稿の作成にあたっては、本文で掲記したもののほか、Michael Ignatieff, *Isaiah Berlin: A Life* (Metropolitan Books, 1998) を参照しました。

8　国際紛争を解決する手段としての戦争

日本国憲法九条一項は、次のように規定する。

日本国民は、正義と秩序を基調とする国際平和を誠実に希求し、国権の発動たる戦争と、武力による威嚇又は武力の行使は、国際紛争を解決する手段としては、永久にこれを放棄する。

「国際紛争を解決する手段」としての戦争、武力による威嚇、そして武力の行使を日本国民は放棄するというわけである。国際紛争を解決する手段として、戦争を否定するという文言は、周知の通り、一九二八年に日本も含めて締結された不戦条約（ケロッグ＝ブリアン協定）の一条にも現れる。

締約国ハ国際紛争解決ノ為戦争ニ訴フルコトヲ非トシ且其ノ相互関係ニ於テ国家ノ政策ノ手段トシテノ戦争ヲ抛棄スルコトヲ其ノ各自ノ人民ノ名ニ於テ厳粛ニ宣言ス

この条約が締結されるまでは、国際紛争、つまり国家間の紛争を解決する手段として戦争に訴えること、武力を行使したり武力によって威嚇したりすることは、違法ではなかった。一八五三年、ペリー提督が黒船を率いて来航し、武力の威嚇によって江戸幕府に開国を迫ったことも、当時の国際法の通念からすれば違法ではない。同様に一八七五年、明治政府が雲揚号を江華島水域に派遣して測量を行ない、朝鮮側から砲撃を受けたことを機に応戦して付近を占領した末、日朝修好条規の締結を迫ったことも、違法ではない。ペリーとよく似たことをしただけである。ペリーも江戸湾の測量をしている。

一八四六年、アメリカが債務の不払い等を理由としてメキシコに対して宣戦を布告し、結果としてカリフォルニア等、太平洋にいたる広大な領域を獲得したことも、やはり違法ではない。ペリー来航は、対メキシコ戦争を経てアメリカが太平洋に進出した、その帰結である。

不戦条約が否定しようとしたのは、当時のこうした国際法の「常識」であった。この「常識」の基礎を作ったのは、国際法の父と言われるグロティウスである。グロティウスは、スペインに対する独立戦争を遂行しつつ、ポルトガルに対抗して東方交易に参入しようとしたオランダで活躍した法律家である。クライエントの利益に反する議論を提示したとは考えない方が安全であろう。

一六〇三年、シンガポールでポルトガルの交易船サンタ・カタリーナがオランダの商船団による攻撃を受け、戦利品としてアムステルダムまで曳航された（帰国は翌年である）。商船団を率いたヤコブ・ファン・ヘームスケルクと雇い主の東インド会社は海事審判所に、交易船と積荷の所有権を確定するための手続開始を申し立てた。所有権を争う者は届け出るようにとの公告がなされたが、当然ながら届け出る者はなく、海事審判所は所有権は申立人にある旨を宣告し、船と積荷を競売手続に附して売却代金を申立人間で分配するよう決定した。

莫大な利益を東インド会社にもたらした事件ではあったが、法的根拠に懸念を抱いた会社は、天才として名高い若きグロティウスに意見書の作成を依頼した。同様の事件がその後も発生することが予想されたからである。ファン・ヘームスケルクのしたことが、海賊行為ではなく正当な戦闘を通じた捕獲行為であり、捕獲品に確たる所有権のあることを論証することが、グロティウスの課題であった。ちなみに、ファン・ヘームスケルクは、グロティウスの母方のいとこである。

グロティウスは、ものごとの基礎から話をはじめる。神が万物を創造したとき、まずは創造した個々の存在が保存されることを望んだはずである。そうであれば、人間各自も自己保存につとめること、生き長らえていくために必要なものがあれば、それを自分のものとすることが認められるはずである。また神は、創造したものが自己保存につとめるだけでなく、同類を互いに配慮し合うべきだと考えたであろう。自己保存の権利は相互の安全保障の配慮によって限定されるべきである。

自己保存の権利と他者危害の禁止がこうして、他の問題についてどれほど見解を異にする人々であろうと共通して受け入れるであろう原則として導かれる。この普遍原則（自然法）によって認められる権利は、誰であれ、実力を行使して守ることができる。

人々に共通するこうした利益は、個々人がそれぞれ追求するより、共同体を結成することでよりよく実現できる。各自がその自然権を自分の判断で行使する世界（自然状態）は剣呑至極である。共同体（国）の統治者の権限はすべて国から与えられたものだが、国の権限は、それを結成した個々人から与えられたものに尽きる。もし統治者が国民の利益に反する行動をとるときは、国民は統治者を交代させることができる。オランダのスペインに対する独立戦争がこうして正当化される。

各国内では、紛争が起これば公平な裁判所に訴えが提起され、裁決が下される。それが共同体を結成する際の条件である。しかし、訴えるべき裁判所が存在しない場合もある。シンガポールにおけるファン・ヘームスケルクがまさにそうした状態にあった。そうした場合、各人の自然権が再び機能しはじめる。共通の裁判所が存在しない相手に対し、犯された害悪に釣り合うべく正義を回復するために、私的な実力行使が許される。ポルトガル人がオランダ人に対し、東アジアで犯した身の毛もよだつような数々の蛮行は、ファン・ヘームスケルクによる実力行使を正当化する。彼による戦闘と捕獲には、正当な理由がある。

以上が、東インド会社の依頼を受けてグロティウスが執筆した『捕獲法論 *De Jure Praedae Commentarius*』の概略である。しかし、この書物は彼の生前、公表されることはなかった（一部が海洋の自由を提唱する著作 *Mare Liberum* として公表されたが）。その理由が何故かは争われている。ハサウェイとシャピロの共著 *The Internationalists* は、その理由を次のように推測する。グロティウスの議論は、ファン・ヘームスケルクの捕獲行為に正当な理由があったというものである。しかし、何が正当で何が正当でないか、それは誰がどのように判定すればよいのだろうか。共通の裁判所が存在しないのに。正当な捕獲行為でなければ所有権を取得できないのだとすると、積荷の競落人は、あとになってやはり正当ではなかったとして捕獲物を取り戻されるリスクを否定できないことになる。善意の第三者による即時取得の観念は、一七世紀の大陸諸国では行きわたってはいなかった。

前述したように、各国内では、紛争が起これば公平な裁判所に訴えが提起され、裁決が下される。しかし、国と国との間に紛争が発生したとき、両者に共通する公平な裁判所は存在しない。国の枠外での私人間の紛争についても。紛争解決の手段は、戦争である。

グロティウスは正戦論者であるとしばしば言われる。国際法の教科書にもそう書いてあることが多い。彼が主張したのは、戦争をするには、正当な理由が必要だということである。訴訟を提起する際、請求の原因（cause of action）を示す必要があるように、戦争をする正当な理由は宣戦布告の文書に示される。請求の原因が訴状で明らかにされるように。布告を受けた側も、やはり宣戦を布告して自国の正当性を主張する。訴訟の被告が答弁書や反訴の訴状で自分の正しさを明らかにするように。

シェイクスピア『リチャードII世』の冒頭に、ボリングブルックとモーブレイが決闘しようとする場面が出てくる。互いに相手の罪状を宣言し、いずれの主張が正しいかは決闘で決着をつけるというわけである。決闘の当事者が大怪我をしようが命を落とそうが、罪に問われることはない。ただ、卑怯な振る舞いをすることは許されない。正々堂々と戦う必要がある。戦争と決闘は、紛争解決の手段という意味で、よく似ている。

戦争が裁判に代わる紛争解決（ADR）の手段なのであれば、そこで言う「正当な理由」は実体的にではなく、手続的に理解する必要がある。裁判においても請求に正当な原因があるか否かは、最終的には、裁判所がそう判断するか否かにかかっている。「客観的」に見れば不当な請求をした原告が、腕利きの弁護士の力を借りて、あるいはおかしな裁判官のおかしな判断の結果で勝訴してしまい、その判決が確定することもあるだろう。民事訴訟法学には「既判力（res judicata）」の法理なるものがあり、確定した判決は当事者の間では、蒸し返しのきかない結論を示すことになっている。物事が法に基づいて正しく確定するより、とにかく確定していること自体に意味があるという調整問題（co-ordination problems）状況の一種として訴訟は扱われる。

戦争もそうである。常識的に考えるなら、戦争は強い方が勝つのであって、正しい方が勝つわけではない。しかし、戦争が裁判に代わる紛争解決の手段であれば、その結果は、やはり「正当な結論」として受け入れる必要がある。結局のところ、正しいか否かは、勝つか否かで決まることになる。グロティウスが一六二五年に刊行した主著『戦争と平和の法 *De Jure Belli ac Pacis*』

で示したのは、こうした割り切った議論であった。

ただし、こうした特権が認められるのは、今や国家とその主権者だけである。主権者が宣戦布告をすることで開始された戦争だけが、裁判の代替物として機能する。手続的に限定して理解された戦争だけが特別の扱いを受ける。東インド会社の武装商船団の長にすぎないファン・ヘームスケルクの行動には、はなはだ怪しげな根拠しかないことになる。

『戦争と平和の法』で展開された、このグロティウスの議論からすると、国同士の間で宣戦布告を経て正式な戦争が始まった以上、第三国はいずれの側に正当な理由があるかを判断すべきではない。非交戦国は、いずれにも偏しない厳正な中立を維持する必要がある。戦争を遂行するに際しては、交戦国が遵守すべきルール（「国際人道法」と呼ばれることがある）は守る必要があるものの、敵兵を殺傷したり、敵国の軍事目標を破壊する等、平時においては犯罪とされる行為も違法ではない。そして、戦争の結果として手に入れた領土や住民は、戦勝国の正当な獲得物となる。征服も正当である。

侵略目的の戦争は怪しからんという意見は、昔からあった。しかし、侵略目的なのかそうでないのかも、結局は、誰が戦争に勝つかで判断されることになる。ペリー来航によって日本が無理やり引きずり込まれたのは、そうした「力は正義なり」という世界である。

一九二八年の不戦条約が覆そうとしたのは、このグロティウス的戦争観である。国際紛争解決の手段として、戦争に訴えることは、もはや違法であると宣言された。あらゆる武力の行使が否定されたわけではない。条約の提案者の一人であるアメリカの国務長官ケロッグも、もともとの発案者の一人であったサーモン・レヴィンソンも、不戦条約が自衛権の行使を妨げるものではないと考えていた。一九三一年に勃発した満州事変に関して、日本がその軍事行動を自衛のための措置として正当化しようとしたのも、同様の理解を背景としている。

ただ今や、国際紛争の解決のためには平和的手段のみが認められる（不戦条約二条）。条約の定める義務の履行を求めるために武力に訴えることも許されず、武力による威嚇を背景として条約を締結することもできない。非交戦国にも厳正中立な行動がつねに期待されるわけではない。明白な侵略国家に対しては、経済制裁を下すことも認められる。戦争に訴えることに「正当な理由」があるか否かは、戦争の結果から逆算して判断されるわけではない（ことになる）。侵略国家の指導者は国際軍事法廷で、平和に対する罪を犯した責任を追及される。いずれも、ドイツや日本がその後、思い知らされることとなった国際法の根本的な変容である。日本国憲法九条一項は、そのことを改めて確認している。

こうした変容は、国際連合の樹立によってさらに前進した。現代においても武力衝突や実力による領土の占有がゼロになったわけではない（クリミアやシリアや南シナ海を見よ）。しかし、それは全体から見れば、きわめて稀な例外である。

すべての国家の主権が尊重される世界は、そうでない世界に比べれば、善い世界である。いきなり戦いを挑まれ、敗北するとその結果を飲み込まされる世界よりも、せいぜい経済制裁を受けたり、国際機構から仲間外れにされて、反省を促される世界の方が善い世界であろう。いつ起こるか分からない戦争に備えて徴兵制を組織し、常に軍備を怠らず愛国心を高めなければならない世界よりも、貿易の利益を互いに享受し、軍事よりは人々の暮らしに投資し、多様な価値観が公平に共存できる世界の方が善い世界である。

国際紛争解決の手段としての戦争を禁止する不戦条約の文言を受けた日本国憲法九条一項も、同じ趣旨の条文であり、禁止の対象を武力による威嚇と武力の行使へと明示的に拡大したものである。「戦力（war potential）」の保持を禁ずる二項前段も、「決闘」としての戦争を遂行する能力の保持を禁ずるものと理解するのが素直であるし、「国の交戦権」を否定する二項後段も、交戦国に認められる諸権利の否定ではなく、紛争解決の手段として戦争に訴える権利（正当原因）はおよそ存在しない、という趣旨に受け取る方が筋が通る。

不戦条約のみに基づいて日本国憲法の条文の意味を確定することには危険が伴う。現時点における有権解釈変更の提案と直結するわけでもない。しかし、不戦条約の文言と意義に照らして憲法第九条を読み直すことで、日本語として意味が読み取りにくく、また文言相互の関連性が明らかでないこの条文を、全体として整合的に理解する途が拓かれる。

＊本稿の作成にあたっては、主として次の文献を参照しています。Richard Tuck, *The Rights of War and Peace: Political Thought and the International Order from Grotius to Kant* (Oxford University Press,

1999); Oona Hathaway and Scott Shapiro, *The Internationalists: And Their Plan to Outlaw War* (Allen Lane, 2017).『祖川武夫論文集　国際法と戦争違法化』小田滋＝石本泰雄編（信山社、二〇〇四）。

9 アメリカがフィリピンで学んだこと

被収容者が虐待されたことで知られるアメリカ軍のグァンタナモ基地は、キューバからの租借地内に位置する。租借が開始された一九〇三年は、米西戦争の結果、キューバがスペインの支配を脱して間もない頃である。

米西戦争は、セオドア・ルーズベルト（一八五八—一九一九）の名前と切り離して語ることができない。一八九六年、大統領に当選したばかりのマッキンレイに、ヘンリー・カボット・ロッジ上院議員は、ルーズベルトを海軍次官に任命するよう進言した。ロッジは終生にわたるルーズベルトの庇護者＝盟友である。大統領は短気で有名であったルーズベルトの任命に逡巡したが、結局根負けしてロッジのアドバイスに従った。

一八九八年にウィリアム・ハーストの率いる新聞は、スペインを強烈に攻撃するキャンペーンを開始する。ワシントン駐在のスペイン公使が執筆したマッキンレイに批判的な書簡を、キューバの反体制勢力を通じて入手したハーストは、二月九日の新聞で「合衆国に対する史上最悪の侮辱」という見出しで書簡の内容を公表した。さらにハーストの新聞は、キューバにおけるスペイン当局による悪行の数々を報道し（現地に赴いたこともない記者が捏造した記事も含まれる）、即刻、対スペイン戦争を開始すべきだと主張した。

おりしもハバナ港に停泊していた合衆国の巡洋艦メイン号が二月一五日、爆発を起こす。石炭庫で発した火花が武器庫に引火したことが原因と推測されているが、新聞各紙は敵による攻撃に違いないと書き立てた。

かりに対スペイン戦争を開始するとなると、まず合衆国のとるべき方策は、フィリピンのマニラ湾に停泊するスペイン艦隊による反撃を防ぐことである。

マッキンレイは南北戦争の悲惨さを経験した大統領であり、戦争を望んではいなかった。ルーズベルトの上司にあたるジョン・ロング海軍長官も眠れぬ夜を過ごし、体調不良を訴えるようになる。筋肉の凝りをほぐしてくれるマッサージ機器があると知った海軍長官は、休暇をとってその機器を試すことにする。臨時に海軍省のトップに座ることになったルーズベルト次官は、アメリカ艦隊を香港に派遣し、開戦のおりには、スペイン艦隊がマニラ湾を出ることのないよう指令する。ルーズベルトの父親は南北戦争で、金を払って代人を立てて徴兵を免れており、自身が戦うことで家名の恥をすすぐことができると信じていた。

しかし、開戦の名分は何であろうか。メイン号爆発の原因ははっきりしない。キューバで独立派による争乱が起こっているとしても、それは他国の支配地でのことである。産業界は市場と資源を理由にキューバへの介入に好意的であったが、それは介入を正当化する根拠にはならない。最終的にマッキンレイが採用した正当化理由は、隣地キューバにおける対立と争乱がもたらしている「蛮行、流血、飢餓その他の悲惨な事態に終止符を打つ」ため、という人道的理由である。「それがすべて他国に属する地で起こったことで、我々とは関係がないとはいえない。我々のすぐ隣国で起こっているがゆえに、それは我々の特別な義務にあたる」。キューバをアメリカの領土または植民地とすることが戦争の目的ではない。スペインの抑圧からキューバを解放し、キューバ人民の自由を確立することが目的である。アメリカ国内でも、黒人に対する目に余る差別と虐待は珍しくなかったのだが。

軍事拡張主義に抵抗する議会勢力は、この主張を逆手にとって、「合衆国はキューバに対して主権、管轄、支配を及ぼすいかなる意図をも持たず、平和が樹立されたときは、これら諸島の統治と支配をその人民に委ねる」との修正（テラー修正）を開戦宣言に加えることを提案する。修正は可決された。スペインはキューバを放棄することを拒否し、四月二四日と二五日、スペインと合衆国は、相互に開戦を通告した。

五月一日、ジョージ・デューイ提督率いるアメリカ艦隊は、マニラ湾に停泊するスペイン艦隊に対し大勝利を収める。五月六日、ルーズベルトは海軍次官を辞任し、みずからキューバで戦うことを決意する。友人であるレナード・ウッド大佐の推輓で、アリゾナ管区軍総督から中佐の地位を得たルーズベルトは、テキサスを本拠に志願兵を募った。彼の率いる第一志願騎兵隊は、新聞各紙から「荒馬騎兵隊（Rough Riders）」と呼ばれ、サン・フアン高地の戦いに参加して、ルーズベルトの勇名を高めることになった。

他方で対スペイン戦争は、いくつかの副産物をもたらす。当初念頭に置かれたのは、キューバである。したがって、隣接するプエルト・リコも作戦対象となる。デューイ提督の勝利のため、スペインによるフィリピン統治も揺るがされた。次に焦点となったのは、ハワイであった。

一八九三年にハワイでは白人農園主が蜂起して王を退位させ、共和国となっていた。ハワイ政府はアメリカ市場へのアクセスを求め、他方でアメリカとしても、フィリピンを含む太平洋一帯に海軍力を展開する拠点として、また対中国貿易の拠点として、ハワイ領有に利点を見出していた。ロッジは一八九八年五月はじめに、戦争財源法への修正条項としてハワイ併合を提案する。締結に上院の出席議員の三分の二の賛成を要する条約と異なり（合衆国憲法第二篇第二節第二項）、法律案であれば両院の過半数の賛成で足りる。七月六日に両院は法案を可決し、翌日、大統領の署名によりハワイは併合された。

ルーズベルトは戦争報道を通じて得た名声を武器にニューヨーク州知事となり、さらに再任を目指すマッキンレイの副大統領候補として一九〇〇年の選挙戦で勝利を収める。一九〇一年九月にマッキンレイがバッファローで開催された博覧会場でアナーキストに銃撃され、死亡すると、大統領に就任する。大統領となったルーズベルトが頭を悩ましたのが、米西戦争の後遺症とも言い得るフィリピン戦争である。

米西戦争はアメリカの勝利に終わり、一八九八年一二月のパリ講和条約でスペインはキューバの独立を認め、フィリピン、プエルト・リコ、グァムをアメリカに割譲することとなった。割譲の代償としてアメリカは二〇〇〇万ドルをスペインに支払う。この条約を批准すべきか否かの論争は、アメリカをディレンマに直面させた。戦争は人道的介入を根拠としていた。キューバ人民を抑圧から解放し、自由にすることが目的であった（はずである）。その結果として、一〇〇〇万を超えるフィリピン人民をアメリカが支配することとなってよいのか。そもそも彼らはアメリカの支配を受け入れるのか。

マッキンレイは、フィリピン人民に独立を認めるべきでないと主張した。彼らは「自治に適していない（unfit for self-government）」からである。大統領はフィリピンに軍政を布き、住民が「恩恵ある同化（benevolent assimilation）」を受け入れるよう促した。「同化」しない限り人民は自治に適していない。「同化」してしまえば独立する必要はないはずである。大富豪のアンドリュー・カーネギーや作家のマーク・トゥウェイン、哲学者のウィリアム・ジェームズらは、マッキンレイの帝国主義を激烈に攻撃した。カーネギーはフィリピンに独立を与えるため、二〇〇〇万ドルでフィリピンを買い取るとマッキンレイに申し出た。他方、フィリピンでスペインに対する叛乱を先導したエミリオ・アギナルドは、アメリカ軍に対する武力による抵抗を宣言した。

一八九九年一月に上院で開始された条約批准の審議では、反帝国主義派と領土拡張主義者とが正面から対決した。合衆国憲法はフィリピンの支配を許していない、植民地支配・属国支配は、領土・人民を国王の私有財産とみなすスペインにこそ相応しく、民主政アメリカとは両立しないという批准反対派の主張に対して、批准賛成派は、その論理を貫くなら太平洋岸までのフロンティアの進展もありえず、メイフラワー号はヨーロッパに帰還すべきことになると応ずる。フィリピン統治は、神が文明人に与えた偉大なる義務であり、我々はそれを遂行すべきである。

二月四日、アメリカ軍とフィリピン叛乱勢力との間で武力衝突が起こる。ニュースは翌日にはアメリカ全土に届いた。二月六日、上院は条約の批准承認を可決した。有効投票八四票のうち、賛成は五七、反対は二七であった。批准に必要な五六票にプラス一票という薄氷の勝利である。

しかし、フィリピンでの武力衝突が収束する気配はない。ゲリラ戦を遂行する叛徒に対し、アメリカ軍は村々の住居や田畑を焼き払う焦土作戦で対抗する。上院は一八九九年、フィリピンでの戦争遂行を調査する委員会を設置し、さらにルーズベルトが大統領に就任した直後の一九〇二年一月、アメリカ軍による違法行為を調査する委員会を立ち上げる。

一九〇二年四月には、ジェイコブ・スミス将軍の驚くべき命令が証言で明らかとなる。「殺せ、焼け。殺せば殺すほど、焼けば焼くほど結構だ」。殺害すべき対象は武器を携行する能力を持つ現地人であり、「一〇歳以上」だというのが将軍の補足説明であった。

さらに、アメリカ軍が叛徒と疑われる現地人に加えている「水治療（water-cure）」なるものが証言される。スペインで異端審問に用いられた尋問方法であり、スペイン人によってフィリピンにもたらされ、さらにアメリカ人に伝えられた。容疑者は身体を拘束され、顔に水が注がれる。注水は容疑者が自白する徴候を示すか、または意識を失うまで続く。意識を失った者は、死ぬに任される。二一世紀はじめにグァンタナモで用いられた「強化された尋問（enhanced interrogation)」は、水治療の派生形態である。

アメリカ軍による文明的とは到底言い難い所業の数々が明らかとなる一方で、フィリピン統治を確定的なものとする立法作業が進んでいた。一九〇一年三月に独立運動のリーダー、アギナルドがアメリカ軍によって拘束されたことも一つの転機となり、一九〇二年七月一日、合衆国によるフィリピン統治を永続的なものとする法案が可決され、七月四日にルーズベルト大統領はフィリピン戦争の終結を宣言する。戦争は四一ヶ月続き、その間に殺害され、あるいは虐待の結果死亡したフィリピン人の数は、三世紀半にわたるスペイン統治下での数をはるかに上回った。


拡張論者にとって困ったことに、テラー修正のため、アメリカによるキューバ支配はあり得ないことになっている。しかし、キューバの完全な自治を許すわけにはいかない。キューバの住民の大部分は黒人であり、責任ある自律的統治に相応しくないという偏見もあった。しかし、さらなる懸念の種は、キューバ独立運動が土地所有の再分配を含む大規模な社会改革を唱えていたことである。キューバの大土地所有者の多くは、アメリカ資本の製糖業者や果物の輸出業者である。

とはいえ、テラー修正を今更廃止するとなれば、議会で激烈な対立が勃発することが予想される。戦後キューバの軍政を担当していたレナード・ウッド将軍が、より狡猾な提案をする。キューバには形式的な独立を認めるが、アメリカのコントロールが及ぶよう、予め条約でその行動範囲を限定しておく、というものである。対応する草案が一九〇一年二月、プラット上院議員によって提案された。内容を詰めたのは、ロッジやルーズベルトである。それによると、キューバの独立を保障するためアメリカに介入する権利があること、燃料補給地および海軍基地として、特定地域をアメリカに譲渡または賃借させること、他のいかなる国家にも領土をコントロールさせないこととされた。

ウッド総督は、キューバの憲法制定会議にプラット修正に基づく憲法草案を提案する。これを飲まなければ、アメリカ議会は正面からキューバ併合を議決すると脅迫されて、制憲会議は一五対一四で草案を可決した。中南米諸国でプラッティスモ（Plattismo）と呼ばれる、アメリカによる隠微な帝国主義的支配様式の誕生である。

キューバは独立した（のであろう）。プエルト・リコ、グァム、フィリピンは、アメリカの統治下に置かれた。新たにアメリカの統治下に置かれた地域でも、合衆国憲法は適用されるのか。この問題に答えたのが連邦最高裁による Downes v. Bidwell 判決（182 U.S. 244 (1901)）である。プエルト・リコから輸入される果物に特別の関税を課す連邦法が、「すべての関税、輸入税、および消費税は、合衆国を通じ均一でなければならない」とする合衆国憲法第一篇第八節第一項に反するかが争われた事案である。連邦最高裁は、憲法が適用されるのは合衆国域内であり、合衆国の領土にすぎないプエルト・リコについては、別の関税を課すことも許容されるとした。

傍論で連邦最高裁は、信教の自由や表現の自由、適正手続保障のような自然権と、参政権を典型とする、国によって内容が異なり得る人為的権利とでは、結論が変わるかも知れないと言う。自然権と言い得る権利であれば、プエルト・リコにおいても同様に保障される可能性があるというわけである。二〇世紀初頭に下されたこの判決は、グァンタナモ基地の被収容者に合衆国憲法の権利保障が及ぶかという問題が生起したとき（Boumediene v. Bush, 553 U.S. 723 (2008)）、思い起こされることになった。

二〇一七年六月一一日にプエルト・リコで施行された住民投票では、合衆国の州となることに賛成する票が九七パーセントを占めたが、投票率は二三パーセントにとどまったとのことである。投票結果が連邦議会を法的に拘束するわけではない。

＊本稿の作成にあたっては、主に次の文献を参考にしています。David Barron, *Waging War: The Clash Between Presidents and Congress, 1776-ISIS* (Simon & Schuster, 2016); Stephen Kinzer, *The True Flag: Theodore Roosevelt, Mark Twain, and the Birth of American Empire* (Henry Holt and Company, 2017); Graham Allison, *Destined for War: Can America and China Escape Thucydides's Trap?* (Scribe, 2017).

第三部

比較できないこと

1　比較できないこと

たまにポッカリ時間が空いたとき、映画を見に行く人、散歩をする人、買い物に出掛ける人といろいろだろう。私の場合、アイザィア・バーリンの書簡集（全四巻）を読むことが多い。どこから読み始めてどこで終わっても気にする必要がないので、時間をつぶすには最適である。

出会った人物に関する硬軟の評価を交えた描写は興味深い。キューバ危機が進行するさなかのケネディ大統領とその側近たちとの会食の様子——将軍たちに囲まれたナポレオンにたとえられている——もそうだが、監視役のソ連の将校に付き添われ名誉学位を授与されるためにオクスフォードを訪問したショスタコヴィッチの病的な神経質振りと音楽的天才の対比。さらには、ハロルド・ラスキやハンナ・アレント、ジョージ・スタイナーやマイケル・オークショットに対する激烈に低い評価など、彼の饒舌で早口な肉声を聞いているようである。

価値の多元性と比較不能性、歴史の方向性に必然はないこと、自由の積極的理念を政府が人民に押し付けることの危険性など、高校生のころから読んでいることもあって、私がバーリンに学んだことは多い。そうしたさまざまな思想も、手紙の中で丁寧に説明されている。

彼が博士論文を指導したチャールズ・テイラー宛ての手紙（一九六一年一二月二八日付）では、ヘーゲルの承認の観念への言及がある。バーリンは一九六一年にインドを訪問し、ネルー首相と会見した。ネルーを含めてインド人は虚栄心が強く、そのため彼らを褒めてくれるロシア人のことが大好きであることが報告される。「ヘーゲルのもっとも深遠な洞察は、人々がこの世で何より欲するのは承認されることであり、そしてその欲求が妨げられるとき、あらゆる攻撃が始まることだ」。インドはイギリスの植民地とされ既知の存在であるため、中国や日本と違ってまともな異文化として扱われることがない。彼等は西欧と隔絶した異文化としてはじめからやり直したいと思っていることが描かれる。この世には、他人をむやみやたらと攻撃してかかる人が（メディアも）いる。承認欲求が人一倍強い人たちなのであろう。

ロンドン大学で社会学を教えたジーン・フラッドへの手紙（一九七〇年九月一八日付）では、マキャヴェッリにおける価値の多元性が説明される。マキャヴェッリの『君主論』に関する通俗的な見方は、彼の目的はイタリアに持続可能な強国を建設することであり、そのためには手段を選ばず、道徳的考慮を一切度外視したというものである。バーリンはそうした見方を否定する。『リウィウス論』でのマキャヴェッリは、イタリア人が共和政期のローマ人やペリクレス治下のアテナイ人となるべきであり、そのために必要な市民としての徳を涵養すべきだと主張する。それは「道徳」ではないと考えるのは、「道徳」をキリスト教やカント道徳論のそれと同一視するからである。テロリズムを擁護するトロツキーは、マルクシストの道徳は説教染みたカント学説やベジタリアンのクェーカー教徒のそれとは違うと指摘している。理想の社会像があり、その建設に不可欠な人間像がある。それをマルクシストの道徳と呼んでいけない理由はない。

同じ意味でマキャヴェッリも道徳を提唱した。理想とする社会があり、その実現に必要な人間像があった。『君主論』の最終章「イタリアを防衛し蛮族から解放せよとの勧告」は、現状のイタリアにおける頽廃と堕落への悲嘆、好機をむざむざ逸した者への侮蔑のことばであふれている。ローマやアテナイを再興してはじめて、もっとも栄光ある、もっとも望ましい生き方に到達できる。

マキャヴェッリの道徳はキリスト教徒の道徳とは両立しない。マキャヴェッリに道徳はないという見方は、あるべき道徳はただ一つであり、望ましい理念はすべて両立し、整合するという誤った前提に由来する。価値は多元的である。すべての人にとっての理想の社会という観念自体、丸い三角と同様、筋が通っていない。とはいえ、頭の中が一元的に出来上がっている人には、バーリンの見方はなかなか理解できないであろう。

バーリンの説く価値の多元性は、価値相対主義と混同されることがある。マイケル・ウォルツァー宛ての手紙（一九八六年一月一四日付）は、この問題を扱う。第一にバーリンは、H・L・A・ハートの言う自然法の最小限の内容の理論を好意的に引用する。ハートは主著『法の概念』において、人が傷つきやすく腕力や能力で大きな較差はないこと、人の価値観が多様であること、生きるための資源が稀少であること、人を思いやる利他心に限界があること、人間らしく暮らすために集住が必要であることなど、人間社会に広く共通して見られる経験的特質から、人々が共に生き続けるために守るべき最低限の道徳規範が導かれることを指摘する。古くはヒュームが『人性論』において、そしてハートの後にはジョン・ロールズが『正義論』において着目した論点である。価値観は多様ではあるが、人の社会生活が持続可能であるためには、許容される価値観の幅にはおのずと限界がある。

その幅の中に収まっている限りでは、異なる生き方、異なる道徳観のいずれが善いかを語ることに意味はない。アンティゴネが正しいのか、それともクレオンが正しいのか、それを判断するための、両者に共通する物差しはない。すべての価値判断をおおう客観的な価値秩序はない。人は比較不能な選択肢に直面する。それぞれに選ぶべき十分な理由がある。いずれを選んでも間違っているとは言えない。人はそうした選択を通じて、自分が何ものであるかを自ら決める。

オクスフォードの同僚であったバーナード・ウィリアムズに宛てた手紙（一九七二年一月二一日付）は、そうした選択に関するものである。ウィリアムズは妻であったシャーリーと別れ、クェンティン・スキナー夫人であったパトリシアと共に生きる決断をする。バーリン自身もかつて、核物理学者ハンス・ハルバンの夫人であったエイリーンと結婚している。

バーリンはウィリアムズに言う。複数の目的は衝突する。いずれを選択しようと、君は苦痛を味わい、人に苦痛を与える。衝突を乗り越え、高みに昇り、止揚し、すべてがすべてと究極的に調和する地平を目指すことは、大がかりな逃避だ。対立は現にそこにある。避けて通ることはできない。罪悪感と苦悶とを逃れようとしても、別の罪悪感と苦悶にさいなまれるか、虚偽と自己欺瞞と無意味な読経に陥るだけだ。傷はいずれ治る。傷を負わない人生が傷を負う人生より善いというわけでもない。

哲学者のジョナサン・ダンシー宛ての手紙（一九九五年四月二五日付）は、別の逸話を語る。バーリンがイギリス情報部の将校から聞いた話である。将校は第二次大戦の終わり近く、フランスのレジスタンスに捕らわれたゲシュタポのスパイを尋問する任務にあたった。ゲシュタポの手中にある仲間を助けるために必要な情報を聞き出すのが目的である。スパイは翌朝にはレジスタンスによって処刑される運命にある。スパイは、いずれ処刑されるのならなぜ本当のことを話さねばならないのかと問う。自分の命を助けてくれるというなら別だが。

将校は、命は助けると言った（のだろうとバーリンは推測する）。有益な機密情報を手に入れ、しかし当然ながら、スパイは処刑された。彼は苦悶したはずだ。しかし、命を助けると言わなかったら、ゲシュタポの手から仲間を救い出すことができなかったらどうであろう。やはり苦悶したであろう。彼が人間らしい人間なら、「私は正しいことをした、何らやましいことはない」と言い切ることはできない。

バーリンの肉声に触れると、「何らやましいことはない」と言い張る人間の非人間性がよく分かる。

2　サリンジャーと出会う

先日、映画『ライ麦畑の反逆児』を観た。若き日のＪ・Ｄ・サリンジャーを描いている。『ライ麦畑でつかまえて』を含め、彼の小説は高校生の頃に読んだ。地方都市の一軒家で暮らす日本の高校生にとって、親の家がマンハッタンのアパートであることが、どれほどとてつもない富裕層に属することを意味するかが分からず、主人公であるホールデン・コールフィールドの家庭環境が理解しにくかったことを覚えている。

成績不良で全寮制の高校を退学となったホールデンは、ガール・フレンドに駆け落ちを持ちかけて断られたり、うらぶれたホテルで売春婦と邂逅したりの波瀾万丈の冒険を経た後、一文なしになってクリスマスの深夜、実家のアパートにこっそり戻り、一〇歳の妹、フィービーの部屋で彼女と語り合う。お兄ちゃんは何だって嫌いなんでしょう、何かなりたいものが一つでもあるの？　とフィービーに訊かれて、ホールデンはライ麦畑のキャッチャーになりたいと答える。四〇年以上を経て読み返してはじめて気づいたのだが、彼がその際、引き合いに出しているのは、ロバート・バーンズの詩である。

この詩は、日本では「誰かさんと誰かさんが麦畑」という歌になっている。有体に言えば春歌である。バーンズのもとの詩も、ライ麦畑で誰かと誰かが出会って何をしたとしても、それがどうした、という内容である。ところがホールデンは、ライ麦畑で誰かが誰かをつかまえて、という詩だと思い違いをしている。ライ麦畑のキャッチャーになりたいというホールデンの夢は、この記憶違いが展開したものである。よほどませているフィービーは、あれはライ麦畑で誰かと誰かが会ったとしても、という詩だと、彼の思い違いを指摘する。

映画『ライ麦畑の反逆児』は、ケネス・スラウェンスキーによるサリンジャーの伝記 *J.D. Salinger: A Life*（Random House, 2010）を原作とする（邦訳も存在するようであるが、未見）。スラウェンスキーによると、『ライ麦畑でつかまえて』でのサリンジャーの意図は、子どものような純真さをいつまでも大切にし、ライ麦畑で遊ぶ子どもたちが崖から落っこちないよう見守ってあげる、そういう役割を果たすことこそ尊いというものではない。それはホールデンの思い違いだというフィービーの指摘にこそ意味がある。

実は春歌である。純真な子どももいつかは大人になる。人には言えないこと、見られたくないことをこっそりすることもある。悪事を働くことさえある。そんなことはインチキだとか欺瞞だとか、子どもじみた文句ばかり言うのはいい加減にして、きれいごとではすまされない社会と大人としてかかわり合い、自分の責任を担うべきだというのが、サリンジャーが言いたいことである。ホールデンも放浪のなかでそうした大人の世界を垣間見ていた。

スラウェンスキーの伝記は、第二次世界大戦に従軍したサリンジャーがノルマンディー上陸作戦、バルジの戦い等の激戦を経験し、ドイツ国内にはいってからは強制収容所の解放に立ち会い、さらに戦後もナチス党員の捜索と訊問に従事していたことを伝える。深刻なPTSD（心的外傷後ストレス障害）で苦しんだサリンジャーは、精神病棟で過ごした時期もあった。その間も彼が肌身離さず携行したのが、『ライ麦畑でつかまえて』の草稿である。それが彼を支えていた。人がどれほど獰猛にも残虐にもなり得るか、どれほど悲惨な目に遭うか、嫌というほど見せつけられている。子どものような純真さを大切にすべきこと、少なくともそれだけを彼がこの本で伝えようとしたわけではないことは、明らかである。

サリンジャーの短編集『ナイン・ストーリーズ』は「エズメのために――愛とみじめさをこめて」を収める。語り手のX軍曹は、フランクフルトの精神病棟で二週間過ごした後、バイエルンで接収された元ナチス党員の家屋にいる。頭の端から足先まで、全身の神経が激しくうずく。震える手で煙草に火を点けるのもやっとである。ジープ仲間のZ伍長は、彼のことを気づかっていろいろと話をするが、Xは話の内容に嫌気がさして、ゴミ箱に嘔吐してしまう。Zが去った後、手紙を書けば気が紛れるかと思い、Xはタイプライターに向かうが、手の震えのため用箋をセットすることさえできない。

そのとき、Xはまだ開けていない小包に気づく。ノルマンディー上陸作戦の直前、イギリスの小村で出会った一三歳くらいの少女からのものである。爵位のある彼女は、アメリカ人としては知的に見える彼のことを気遣い、最激戦区での上陸ではなかったかと手紙で問い、彼女の高性能の腕時計（軍人であった父の遺品）がXにより役立つだろうから送るとのこと。ケースのガラスにヒビのはいった時計が同封されている。さらに、文字を習い始めたばかりだという弟からのメッセージ。「ハロー、ハロー、ハロー、ハロー、ハロー、ハロー、ハロー、ハロー、ハロー、愛とキスをこめて、チャールズ」。読み終わったXは久々にやすらかに眠りにつくことができた。明日も任務が待っている。

さて、なかなか公法学にたどりつかない。サリンジャーはイギリスの上流階級の女性（付き合い始めた頃の彼女は高校生であった）と結婚してニュー・ハンプシャーの田舎町に居を構えたが、その（かなりの距離をへだてた）隣人は、ラーニッド・ハンド判事であった。サリンジャー夫妻はハンド夫妻と親しく、雪にとざされた長い冬が明けてハンド夫妻がやってくることを心待ちにしていた。

ハンド判事は連邦最高裁入りすることはなかった。若いころ、政治に関与したことが最高裁入りの阻害要因になったのではないかとも言われる。不法行為法の分野で「ハンドの公式」で知られる彼は、法哲学者ロナルド・ドゥオーキンのメンターであったことでも知られる。

ハンド判事は、法の限界にも注意を向ける。「私たちは、憲法や法律や裁判所にあまりに期待をかけ過ぎているのではないか……それは偽りの希望だ。自由は人々の心に宿る。人々の心の中でそれが死んだとき、いかなる憲法も法律も裁判所も、自由を救うことはできない」と彼は言う（Irving Dilliard ed., *The Spirit of Liberty: Papers and Addresses of Learned Hand*, 3rd ed. (Knopf, 1960), pp. 189–90）。

子どもじみた夢想はいい加減にして、大人としての責任を自覚せよ——彼らの呼びかけは共通している。

3 人としていかに生きるか――カズオ・イシグロの世界

カズオ・イシグロがノーベル文学賞を受賞した。NHKの提供するニュース・サイト「NHK NEWS WEB」は、イシグロの代表作である『日の名残り』について、「第二次世界大戦後のイギリスの田園地帯にある邸宅を舞台にした作品で、そこで働く執事の回想を通して失われつつある伝統を描」いたと紹介していた。一般的なデータベースから得た書籍情報なのかも知れないが、「そういう紹介か」と軽い驚きにおそわれる。

作品の表面上はそうである。しかし、この作品がブッカー賞を得たのは、失われつつあるイギリスの伝統を描いたからではない。この作品に限らず、彼の主要作品を通じて問われているテーマの一つは、権力への庶民の向き合い方である。

イシグロの作品に登場する主人公は、しばしば、信頼できない語り手（unreliable narrator）である。『日の名残り』の主人公、執事のスティーヴンズもそうである。スティーヴンズは過去の記憶をたどり、自身の生涯を回想する。それは、失われつつある伝統の中、執事としての職分にとどまり、主人に忠誠を尽くす意義深い生涯であった、かのように語られる。しかし、彼のかつての主人、ダーリントン卿は、対ナチ宥和政策に荷担したアマチュア政治家として、世の指弾を浴びた人物である。外交を道楽とするつまらぬ主人に真摯に仕えることもまた執事たる彼の宿命であり、それこそが彼の生きる途であった。そうした生き方の意味を、スティーヴンズは、より普遍的な文脈の中に位置づけてみせる。

われわれイギリスのような国に住む人間としては、国際関係のような大問題についても自分で考え、意見をまとめるつとめがあるのかもしれません。しかし、人生というのはそういうものでしょうか。庶民がすべての問題について「強い意見」を持つことなど期待できるわけがありません。……そして、そうした期待は非現実的であるとともに、望ましいことでもないように思います。結局のところ、庶民が学び知り得ることにはかぎりがあるわけで、国家の大問題について、彼らすべてに「強い意見」を示すよう望むのは、賢明なこととは言い難いでしょう。

人がまず関心を持つのは、自分自身の人生であり、日々の暮らしである。国際関係はもとより、国家全体にかかわる国内政治の問題も、わざわざ知識を積み、情報を確認し、熟慮をへて「強い意見」を固めるべく、時間やコストをかけるほどのことではない。ここには、庶民としての偽りのないまごころが示されている。政治にかかわることは、それに強い関心を抱き、エネルギーを注ごうとする少数者に任せていれば足りる。

スティーヴンズにとっては、自分がこれと見定めた主人に誠心誠意仕えることこそ、彼の人生の核心であった。もともと「民主国家」の一般市民の大多数は、政治にさしたる関心もなく、日々の暮らしにいそしんでいる。情報にうとく、熟慮も足りない大衆が政治にかかわれば、国の将来を決する争点にも情緒的な反応しかなし得ず、その時々の「風」に翻弄されて、いたずらに政治の混乱を招くだけである。それは「賢明なこととは言い難い」。

ダーリントン卿にお仕えした長い年月の間、事実を見極められるのも、最善と思われる進路を判断されるのも、常に卿であり、卿お一人でした。私は執事として脇に控え、常に自らの職分にとどまっておりました。最善を尽くして任務を遂行したことは、誰はばかることなく申し上げることができます。……卿の一生とそのお仕事が、今日、壮大な愚行としかみなされなくなったとしても、それを私の落ち度と呼ぶことは誰にもできますまい。

自信満々に見える述懐ではあるが、スティーヴンズ自身、その生き方でよかったのか、疑念にさいなまれている。ユダヤ人に対する露骨な差別意識を含め、卿の見解や判断への反感・嫌悪は、じつは彼の回想のそこ此処に示される。

そして、回想の旅の末に、同じ屋敷の女中頭であった女性から、自分に寄せていた思いを告白された後には、彼の自己弁護はもはや自身をも納得させることができなくなる。

卿は勇気のあるお方でした。人生で一つの途を選ばれました。それは過《あやま》てる途でございましたが、しかし、卿はそれをご自身の意思でお選びになったのです。しかし私は……私はそれだけのこともしておりません。私は選ばずに、信じたのです。

人が自らの生涯に意味を見出そうとするとき、手掛かりとするのは自身の記憶である。客観的な証拠に基づき、学問的作業を経て研究者が到達する「歴史」ではない。記憶は歴史とは異なる。しかし記憶も、他者と共有可能なものでなければ、自身の生涯を意義づける確かな根拠とはならない。それは、個人の場合も、民族の場合も、同じである。

イシグロの最新作『忘れられた巨人』は、ファンタジー小説だということになっている。巨人は登場しない。妖精や鬼やドラゴンは登場する。探偵が登場すれば探偵小説だという意味では、『わたしたちが孤児だったころ』も探偵小説であろう。妖精や鬼やドラゴンが登場するから、『忘れられた巨人』もファンタジー小説と言えるのだろうか。

主な登場人物は、ブリトン人の老夫婦、アクセルとベアトリスである。蠟燭も使わせてもらえない、みじめで貧しく凍えるような暮らしを送っている。しかし、老齢の彼らだけでなく、人々の記憶は奇妙にあいまいで、現実と夢と幻想の区別も定かでない。クエリグというドラゴンが吐き出す冷たい霧のせいで、人々が記憶を奪われているためである。夫婦は、彼らにいたはずの息子に再会するために旅に出る。アーサー王の円卓の騎士ガウェインやサクソン人の戦士ウィスタンと出会うが、彼らは夫のアクセルに見覚えがあるように思うと言う。さまざまな苦難を経て、徐々に記憶がよみがえる。アクセルは、ガウェインと同じく、アーサー王に仕える騎士であった。彼はサクソン人との間に和平を締結することに成功し、しばしの平和なときが訪れる。幼いウィスタンが、サクソン人の村で畏敬の念をもって仰ぎ見たのは、この頃のアクセルであった。

しかし、アーサー王に率いられたブリトン軍は、サクソン人に戦いをしかける。子どもを含めて多くが虐殺され、女性は誘拐される。せっかく構築した和平を無にされたアクセルはアーサーを御前会議の場で面罵し、ガウェインを含む臣下の面々が凍りつく中、王の麾下を去ったのだ。クエリグが吐く霧で人々の記憶が奪われるのは、アーサーに仕える魔術師マーリンのかけた魔法のためである。戦争の記憶の薄れた人々は、風俗や言語の違いにこだわらず、隣り合って平和に暮らしている。

登場人物たちは、不思議な糸に導かれて、ドラゴンの棲む高原へと集結する。アーサーの指令により、クエリグを守護する任務を帯びたことを明かしたガウェインは、ウィスタンとの決闘で命を落とし、ウィスタンは余命幾許もないクエリグをも屠る。しかし、ウィスタンがドラゴンを殺したのは、ブリトン人による戦闘と虐殺の記憶——それが巨人である——をよみがえらせることで、平和に共存する人々の間に抗争をもたらし、サクソン人の支配を拡大しようとする主君の指令を遂行するためであった。

物語の末尾で、老夫婦はすでに逝った息子が眠る島へ、小舟で渡してくれる男と別々に会話を交わす。ベアトリスには、かつて不義を犯した過去がある。アクセルはそれを許したはずだったが、クエリグの死によりよみがえった記憶は、なお彼の苦痛を呼び覚ます。一度に渡せるのは一人だけだと渡し守に言われ、ベアトリスは自分が先に島に渡ると言う。一緒に渡るには特別な愛の絆が要るのだ。考え直すよう懸命に説得したものの、結局ベアトリスを一人島に向かわせたアクセルは、その場で待つようにとの渡し守のことばにもかかわらず、海岸を歩み去っていく。二人がどれほどつらく苦しい冒険の旅の途上も、離れることなく過ごしていたのは、いったん離れたとき、何が起こるかをかすかに予感していたからである。

ノーベル賞の授賞を決定したスウェーデン・アカデミーによると、イシグロの作品群は、「この世とつながっているという私たちの思い込みにかくされた深淵を明らかにする」。つながりが「思い込み」であるのは、普通、つながる先の「この世」は、客観的で確かなものだからであろう。イシグロの世界では、「この世」は必ずしも客観的な確かなものではない。「この世」を形作るのは、客観的事実というより、人と人々の記憶である。

過去の事実の探索を人為的に遮断する試みは、少なくない。ナポレオン退位後の一八一四年六月、ルイ一八世の命により制定された憲章は、その一一条で、「王政復古にいたるまでの見解や票決に関する探索はすべて禁止する」と規定する。フランス革命時、ルイ一六世を断頭台に送る国民公会の議決に賛同した人々は、王政復古期も少なからず生存し、現役の政治家として活動していた。

イシグロは、そうした記憶の抑圧を推奨してはいない。しかし、個人の場合も、国民の場合も、過去の記憶を改めて客観的に検証することは、多大の苦痛とともに新たな抗争の種を伴いがちであるし、未来へ向けて、どのような生き方、社会のあり方を目指すのか、十分な覚悟も問われる。スティーヴンズやアクセルの物語が示すように、記憶をただすことは、当人にとって悲劇的な結末をもたらしかねない。しかも、彼らに残された日々はもはやわずかである。

イシグロの作品をファンタジーとか、探偵小説とか、SF小説等といったカテゴリーに区分することに、ほとんど意味はない。問われているのはいつも、人としていかに生きるか、とりわけ権力にいかに向き合うか、という普遍的な問題である。

4 自己欺瞞と偽善の間――「狂気の皇帝」カリグラ

偽りの共和制

アルベール・カミュの戯曲で知られるカリグラは、ローマ帝国第三代の皇帝である。見境なく人を惨殺し、自身を神だと公言して崇拝を強要し、富裕な貴族の財産を強奪し、挙げ句の果てに暗殺者の手に倒れた狂気の皇帝として知られる。

しかし、アロイス・ヴィンターリンク著の伝記『カリグラ』(*Caligula: A Biography* (University of California Press, 2011)) によると、カリグラが正気を失っていた確かな証拠はない。謀反を恐れた彼が高位の貴族の妻や子女を自邸の近辺に集めて人質としたことは確かであるが、それらの人質に売春を強要したとの主張の真偽は疑わしいし、皇帝の神格化も同時代のローマ帝国ではさほど珍しい風習ではない。カリグラがなぜ世間の、とくに元老院議員をはじめとする貴族階級の激しい憎悪の的となったかについては、当時の政治社会のあり方をも見据えた分析が必要である。

ヴィンターリンクによると、初代の皇帝アウグストゥスは、例外的な才能を備えた政治家であった。アウグストゥスが創始した元首制（principatus）において、皇帝の権力の源泉は何より、強力な近衛兵団を中核とするその軍事力にあった。しかし、彼は軍事力を前面に押し出して単一君主制を樹立したわけではなく、むしろ元老院や各種の役職をはじめとする共和制の諸機関を復興し、表向きはこれらの諸機関が統治を司っているかのような装いを整えた。ユリウス・カエサルの暗殺に象徴されるように、単一君主制に対するローマ人、とくに貴族階級の反感はなお強固だったからである。

アウグストゥスは、つねに元老院議員の一人として振る舞い、他の議員を同等の存在として扱い、パラティノの丘にあった彼の邸もさして豪華とは言えないものであったと言われる。他の元老院議員に指令を下すことはなかったが、彼の圧倒的な力と権威を知る元老院議員たちに、自身の意向をそれとなく知らせる術は心得ていた。彼の意に従わない元老院議員に対しては、友人としての付き合いを断ち、自邸への訪問を禁止すれば足りた。いずれ相手が告発され、刑に処せられること、場合によっては命も落とすことは誰の目にも明らかだったからである。命令することなく支配し、権力を振りかざすことなくそれを行使する。それがアウグストゥスの政治の要諦であった。

しかし、こうした複雑かつ微妙なコミュニケーションの技法は、誰にも使いこなせるものではない。アウグストゥスの養子であり、第二代皇帝であったティベリウスに、養父の演技力はなかった。ティベリウスは、アウグストゥスの復興した共和制を額面通りに受け取り、自身の意向を予め知らせることなく元老院に自由に審議させ、彼らの到達した結論が意にかなわぬときは、著しく機嫌を損ねたと言われる。彼は、装いの共和制が真の共和制であるかのように扱うと同時に、彼自身を真の皇帝であるかのように扱うよう周囲に要求した。反逆罪で告発された属州の知事に関する元老院の表決に際して、ある議員は、自らも投票に参加すると宣言したティベリウスに、「カエサルよ、何時投票されますか。最初に投票されれば、私もそれにならうことができますが、最後に投票されると、うっかりあなたと反対の投票をしかねません」と言ったと伝えられる（タキトゥス『年代記』1.74）。

しかも、人づきあいを嫌い、少数の親密な元老院議員に自身の意向を伝えることもしなかったティベリウスの態度は、貴族同士の競争心を、皇帝の取り巻きとなるよう競うことではなく、相互に陰謀を巡らせ、または陰謀を告発して陥れようとする醜悪な闘争へと向かわせることとなった。陰謀渦巻くローマの政界に嫌気のさしたティベリウスは、ローマを離れてナポリ湾のカプリ島に引きこもってしまう。

カリグラの即位

ティベリウスを継いだガイウス・カエサルは、幼少時を父の率いる軍とともに過ごしたことから、カリグラ（子供用軍隊靴）の愛称で知られる。彼の母アグリッピナは、アウグストゥスの娘ユリアの子であり、父ゲルマニクスは、マルクス・アントニウスの孫であるとともに、ティベリウスの甥でもあった。非の打ち所のない家柄に生まれ、数々の軍功によって声望の高かったゲルマニクスは、ティベリウスから警戒され、彼の夭折後（毒殺が疑われた）、その妻子の立場も安定したものではなかった。

カリグラの母アグリッピナと長兄のネロはティベリウス自身によって弾劾されて流刑に処せられる。次兄のドルススも謀反の罪に問われ、獄中で餓死する。いずれも、配偶者を含めて身近に配されたスパイがティベリウスに関するあけすけな言辞を告発者に伝えたために起きた事件である。これに対して、カプリ島でティベリウスと暮らしていたカリグラは、「母が断罪されたときも、兄らが破滅したときも、声一つ洩らさなかった」と、タキトゥスは伝える（『年代記』6.20）。皇帝となったカリグラに接見を許されたアレクサンドリアからの使節フィロンによると、カリグラは他人の表情からその感情を読み取ることに長けていた。

自身の感情を押し隠し、情勢を冷静に観察しつつ生き延びたカリグラは、ティベリウスの死後、二四歳で第三代の皇帝となった。タキトゥスによると、息を引き取ったと思われたティベリウスが意外にも意識を回復したと知らされたとき、カリグラの後見者であった近衛兵団長マクロは、ティベリウスの上に、蒲団を山と投げかけ、そのまま逃げてくるよう部下に命じた。「こうしてティベリウスは終わる」（『年代記』6.50）。他方、カリグラ自身が老いたティベリウスに毒を盛り、最後は絞殺したとの説もある。

即位当時のカリグラの人気は高かった。父ゲルマニクスの声望は衰えることなく、子に引き継がれた。近衛兵団とローマ市民に対しては、ティベリウスの遺産が気前よく分配され、大規模な闘技が開催された。共和制の建前を尊重するアウグストゥス流の統治の復興も宣言された。執政官に就任したカリグラは元老院で前皇帝ティベリウスの所業を批判する演説を行ない、感銘を受けた元老院議員たちは、この演説が毎年繰り返して読み上げられるよう決議を行なったとのことである。彼らは、権力を共同行使するとのカリグラの誓いが、彼自身が望む限りで実行されるにすぎないことを承知していた。

事態が転回を始めたのは即位後八ヶ月の紀元三七年一〇月、カリグラが重病に陥ったときである。カリグラは、かねてからティベリウスの孫ゲメルスを養子とし、公認の後継者としていたが、健康を回復したカリグラは陰謀の焦点となりうるゲメルスの排除を決意する。ゲメルスは反逆を企んだとして告発され、自殺を強いられた。さらに、マクロを含め、彼の即位を助けた取り巻きたちも次々に命を落とす。

この時期におけるカリグラの執政一般は、減税や人民による官職選挙の復活を含め、なお人気を集めていた。ただし、彼特有の性格が露呈するようになる。彼の健康の回復を願い、病が癒えたら自らの命を捧げると誓った市民に対し、彼は偽誓の罪に陥らぬために誓いを守るよう強要した。表と裏の二重の意味を含むコミュニケーションに対する彼の反応は、ティベリウスとは異なる。彼はコミュニケーション一般を拒絶して引きこもったわけではない。カリグラはそれを額面通りに受け取るかのように装い、相手にその通りの態度と行動を要求することで、そうしたコミュニケーションのあり方を、その参加者一般を愚弄・嘲笑し、その意義を掘り崩そうとした。

コミュニケーションを額面通りに受け取られることは、往々にしてそれを表明した者の利益や意図に反する。命を捧げると誓った市民は、カリグラが健康を回復した折りには、忠誠心に応じた褒美がもらえることを望んでいたはずである。表面の意味（のみ）に即して理解したかのように装うカリグラの態度はシニカルであり、かつ、ほのかなユーモアのセンスもある。落命した当事者にとってはそれどころではないが。しかし、事態はさらに悪化する。

「狂気の皇帝」カリグラ

即位して約二年後の紀元三九年初頭、執政官経験者をはじめとする多くの貴顕の士が処刑され、または落命する事件が起こる。事件の全貌は明らかではないが、大規模な反逆の陰謀があったことが推測される一方、汚職の罪で刑に処せられた者もいた。このときカリグラは元老院で演説を行ない（実際には解放奴隷に代読させた）、ティベリウス治下における元老院議員たちの行動を非難した。彼らは皇帝の寵愛を得ようとし、互いを反逆の罪で告発し、有罪とする裁定も下した。もし、ティベリウスが事実、悪行をなしたのであれば、生前の彼に元老院は栄誉を与えるべきでも、彼に協力すべきでもなかった。それを今になって踵をかえして彼に非難を加えているというわけである。したがって、カリグラ自身も、「君たちから品性ある扱いを期待すべき理由はない」。カリグラが非難するのは、元老院議員たちの告発や裁判、ティベリウスへの非難などの個々の行動にとどまらない。彼が非難しているのは、皇帝が権力を振るっている限りにおいてそれに諂いおもねる彼らのコミュニケーションのあり方そのものである。

さらに（趣味の）悪いことに、カリグラは、ティベリウスからカリグラへの想像上の忠言を披露する。ティベリウスは、元老院議員たちはみなカリグラを憎み、その死を願っており、機会さえあれば自らの手でカリグラを殺そうとしていると言う。だから彼らが何を言うかではなく、カリグラ自身の幸福と安全とを考えよ。彼らの歓心を買おうとしても、空虚な栄誉を手に入れるだけで、結局は陰謀の犠牲となり、不名誉な死を迎えることになる。自ら進んで支配される者などいない。自分より強い者に従うだけのことだ。

誰もが承知していた現実である。皇帝への大規模な反逆の陰謀は露顕したばかりである。しかし、問題はカリグラがそれをことばに出したことである。対等の関係であるとの建前の下、反逆心を常に抱きながら、皇帝が権力を掌握している限りにおいて追従する。それが皇帝と貴族とのコミュニケーションのあり方である。ところが、その隠された本性を浮き彫りにすることで、カリグラはそうしたコミュニケーションをもはや不可能とした。さらに、カリグラは皇帝の側の演技も、つまり貴族層の歓心を買うための演技ももはや終わりだと宣言した。アウグストゥスがあれほど巧みに操り、カリグラが治世の初め二年間は見事に演じた演技は終了し、共和制の仮面は取り去られた。後戻りはきかない。権力剝き出しの単一君主制の開始である。

しかも、カリグラは、単一君主としての行動を、それまでの社会慣行を利用し、あたかもそれを額面通りに受け取っているかのような装いの下で遂行した。共通了解となっていた社会慣行によると、皇帝と高位の貴族層とは「友人」であり、日常的に相互に訪問し、贈り物を交換した。実際の人間関係の好悪とは、もちろん別である。カリグラは、多くの貴族を「お父さん」「お祖父さん」、「お母さん」「お祖母さん」等と呼び、そのお返しに「自発的な」贈与や遺贈を強いた。娘が生まれた折りも、彼女の養育にどれほどの費用がかかるかを指摘して、贈与・遺贈を呼びかけた。同様に、大規模な闘技を開催するために、多額の寄付をするよう元老院議員たちに要請した。貴族の側は、カリグラへの憎悪や敵対心を表に出すわけにいかない。実体の欠如した（とカリグラ自身があけすけに指摘する）演技を貴族の側は続けざるを得ない。カリグラは、貴族たる「友人」たちの友情を真に受けているかのように装い、それに応じた行動をとるよう要求したわけである。

それにとどまらず、カリグラは愛馬インキタートゥスを晩餐の席に招き、豪華な邸宅を用意し、さらには彼を執政官に任命することをも示唆したと言われる。ここでもカリグラの行動を真に受けて狂気の徴候と見るわけにはいかない。豪華な邸宅における晩餐の席は、私的な領域とはいえ、お互いの地位を確認する貴族同士の交流の場であり、彼らの公的領域での活動を支え、栄誉と称賛を交換する場であった。執政官も実質を失った名誉職ではあるが、貴族層が強く欲した官位である。愛馬に邸宅を与え、執政官位の授与をほのめかすことでカリグラがしているのは、実質なき栄誉を求める貴族たちの生活様式の空虚さを暴露し、彼らを侮蔑することである。皇帝はその気さえあれば、馬を執政官にすることさえできる。出生の別は関係がない。貴族であることと、彼らの社会慣行や生活様式はもはや無意味である。自己欺瞞から目覚め、真実を見よ。それがカリグラの言いたいことである。

他方、古代世界における単一君主制にはよく見られることだが、カリグラは皇帝である自らの神格化を押し進める。自身を神と信じ、貴族層に崇拝を強要したことも彼の狂気の証拠とされることがあるが、ここでもカリグラの真意をよく考える必要がある。カリグラを神として崇める振る舞いを始めたのはルキウス・ウィテッリウスだと言われる。ウィテッリウスの特異な行動の背景には、反逆の嫌疑をかけられ、属州から召還された直後の皇帝の接見の場であったという特殊事情がある。そうした振る舞いが世に広まった後のあるとき、カリグラは、ウィテッリウスに、自分は月の女神と会話しているところだが、君にはそれが見えるか、と訊いた。カリグラは自分が神だと信じてはいないし、月の女神と会話しているわけでもない。自分を神と崇める者の言動を額面通りに受け取ったかのように装って、反応を探ったわけである。ウィテッリウスは巧妙にも、恐れおののきつつ、「あなた方、神々のみが、お互いを見ることがかないます」と答えたという。これほどの狡知を備えぬ者は、相応の処罰を受けることとなった。

ヴィンターリンクによると、カリグラの「狂気」に関する説話の多くは、彼の死後、一〇〇年近くたってその伝記を作成したスエトニウスが、彼の言動を本来の文脈から切断して叙述したことから生じた。カリグラがあれほど同時代人に嫌われ、即位四年後に暗殺されたのは、彼が正気だったから、彼が当時の貴族層の社会慣行と生活様式の虚妄を暴きたてその意義を否定したからである。共和制の諸制度はお飾りにすぎず、貴族と皇帝とは対等ではない。貴族が与える栄誉は栄誉には値せず、彼らは命が惜しくて軍事力を掌握する皇帝におもねっているだけである。あたかも彼らの言動を額面通りに受け取るかに装いつつその矛盾を暴き、なおそうしたコミュニケーションの様式を固守するしかない相手を愚弄し嘲笑することを通じて、彼らの人生の意義自体を破壊しようとしたこと。それが、カリグラの「狂気」であった。

現代に生きるカリグラ

自分の考えや思いを率直に伝える誠実さは、高貴な美徳の一つである。しかし、一つにとどまる。カントは、嘘をつくことは人間としての自己の放棄であり、人格性の破壊であり、嘘をつく人は欺瞞的に人の形をとっているだけであって、本当の人間ではもはやないと断言するが（『人倫の形而上学』A429）、個別具体の状況における決疑論的問題として、単なる礼儀としての不真実、たとえば手紙の末尾に「あなたの忠実な僕より」と記したり、本の著者に「あなたの本を気に入りました」と述べることの妥当性については、別に論じている（同上A431）。「誰も決してこれで欺かれはしない」とカントは言う。

社交上の礼儀で「面白い本でした」と述べたからと言って、それを真に受けて、「君は私の本を面白いと言ったではないか」と別の場面で言い募るのは大人気ない態度である。常に本当の感想を著者に対して述べることは礼儀に反し、人間関係を損なうだけではなく、広く読書界、知的世界での交流自体をも危うくする。だからと言って、本心と全く異なるコメントを常に述べることとすれば、そうした礼儀上の言辞の意義も失われる。いつも本当のことを言うわけではない。しかし、本心を全く洩らさないわけでもない。そうしたものである。

多かれ少なかれ、同じことは政治の世界においても当てはまる。民主制の下では、国民が主権者である。首相は内閣において「同輩者中の首席（primus inter pares）」であるばかりでなく、国民の中においてもそのはずである。皇帝がローマ市民の首席（princeps）であったように。もちろん、現代の民主制では、首相が国会議員を好きに処刑したり、獄中で餓死させたりすることはできない。それでも、政治を運営し、予算を配分するのは少数の政治家と官僚であり、国民一般が常時政治に携わるわけではないことは常識である。

民主制であるからには、国政は有権者の意思により、つまり選挙の結果によって方向づけられなければならない。総選挙前に公表したマニフェストがある以上、政権を握った党派は、一字一句マニフェスト通りに国政を運営すべきであり、それが困難であれば解散・総選挙を行なうのが国民に対する義務である、と言われることもある。しかし、政策の選択と選挙での投票とを直結させることは、必ずしも民主制の質の向上をもたらさない。政権獲得時の政策に固着することは、非合理なまでに政権運営の硬直化を招くこともありうる。

二〇〇九年の総選挙で政権を獲得した民主党は内部対立を繰り返し、その後も、政権を支える与党としての態勢を明確に整えることができなかった。内部対立の一つの分岐線は総選挙時のマニフェストにどこまでこだわるかであった。政治は所詮、可能な範囲内でより悪くない選択をする技術であるから、実現不可能だと分かった公約や、税金の無駄遣いとしか考えられない公約は考え直すのが道理にかなった政治の道筋のように思われる。ところが、選挙民への約束なのだから、あくまで遵守すべきだというマニフェスト原理主義者とでも言うべき一群の人々がいた。

マニフェストは政党が選挙に勝つための道具の一つである。結衣、真央、樹里の三人の有権者がいるとしよう。彼女たちはそれぞれの属する利益集団を代表していて、いろいろな政策について各集団のメンバーと同一の選好を持っているとする。今、A、B、Cの三つの政策について、三人が図のような選好を持っているとする。

	結衣	真央	樹里
A	+3	-1	-1
B	-1	+3	-1
C	-1	-1	+3

A、B、Cをそれぞれ別個に投票にかけると、いずれも二対一で否決される。たとえば、政策Aに賛成しているのは結衣だけである。しかし、三つの政策をパッケージにしたマニフェストを作ると、三人ともそれには+1（+3－1－1＝+1）の評価を与えるので、全員の賛同を得ることができる。つまり、特定の政策について強い選好を持ったさまざまな利益集団を糾合して選挙に勝つためには、そうした政策をまとめてパッケージにしたマニフェストを掲げて選挙戦を戦うことが効果的である。多くの利益集団は特定の争点については強い選好を持つが、他の論点については（たとえ否定的であるとしても）さして強い意見は持たない。固定票・組織票を固めるにはマニフェストは有効な手段となる。しかし、選挙が終わり、いざ政策を立案・実行する段階になって、マニフェストに掲げられた個々の公約について国民の多くが賛成しているかとなると、それは別である。ある世論調査によると、二〇〇九年の総選挙で民主党に投票した人の中で、民主党勝利の要因として「マニフェストへの期待」を挙げた人は一割にすぎない（加藤元宣／藤岡隆史「政権交代の背景と選挙結果への評価」NHK放送文化研究所『放送研究と調査』二〇〇九年一一月号一〇頁）。

選挙は固定票だけでは勝てない。「風」が吹くこと、つまり大量の無党派層の支持も必要である。政府内や与党の執行部にいる人たちは、政権を維持するため、そして次の国政選挙に勝つために、何とか無党派層の支持を得ようと考えるはずである。実現不可能な公約、国民の多くが賛成できないと思う公約については、再検討すべきだと考えるのが自然である。

しかし、陣笠議員が毎週のように選挙区に帰って会う人々は、マニフェストに掲げた公約があったからこそ支持をした利益集団のメンバーや、マニフェストを吹き込まれたからこそ応援している支援者たちである可能性がある。そうした選挙で手足になってくれる人たちが離反したのでは、次の選挙は戦えない。また、場合によっては、自分の当選を手取り足取りで支援してくれたボスが、執行部のマニフェスト違反を攻撃する党内戦略をとるかも知れない。「風」が吹くかどうかは政府や党執行部の責任であって、自分たちにできることは、足元の支援者たちの支持をまとめたり、ボスの指示に従って動いたりすることである。そうであれば、彼らがマニフェストにこだわるのは、彼らの論理からすれば理にかなっている。しかし、それが国民全体の利益に適うかどうかは別の話である。

マニフェストに反する政策の実施が必要であれば、その前に議会を解散して、改めて有権者の信任（mandate）を受け取るべきだとの議論は、議会政の母国イギリスでもしばしば見られるが、それはあくまで「口先の決まり文句（political cant）」だと古くから理解されてきた（Ivor Jennings, *Cabinet Government* (Cambridge University Press, 1959), p. 505）。野党が与党を攻撃するための偽善的スローガンにすぎないというわけである。議会の信任がある限り、政府は統治を継続するのがむしろ原則である。

そうしたものだと暗黙のうちに理解されているのであれば、「マニフェスト違反」だとの批判は、それとして効用がある。最終的には日本社会全体の中長期的な利益の実現が目的であり、マニフェストはせいぜいお飾りのプロパガンダにすぎないと政界全体が表明してしまえば、国政選挙を通じた統治の民主的コントロールという大前提の底が抜けてしまう。建前は建前として額面通りに受け取っているかのように行動する。しかし、建前であることは心得ている態度が望まれる。

しかし、それを超えてそうした議論の正当性を一〇〇パーセント信じ込んでしまえば、これは偽善よりも質の悪い自己欺瞞である（David Runciman, *Political Hypocrisy: The Mask of Power, from Hobbes to Orwell and Beyond* (Princeton University Press, 2008)）。政治の世界では、とりわけ多種多様な利益や価値観の渦巻く現代の民主社会では、「国民」を代表する政治は、その時々の有権者の意識調査の結果とは、少なからざる距離をもって運営されることが少なくない。両者が全面的に不即不離であることは不可能であるし、その時々の多数派の意識と不即不離の政治は、ただのポピュリスト政治である。国民一般では現実にはなしえない政策の立案と実現を担うのが少数の政治家と官僚集団の任務である。国民に向けた、表と裏の両方の意味を含むダブル・スピークなくして、安定した民主政治は成り立ち得ない（と表立って言うべきかも問題だが）。

代表民主制では、選挙を通じて代表を選出し、次の選挙にいたるまでの政治運営を「信託」する。代表の任期の中途で、当初のマニフェストがどこまで忠実に執行されているか、または、その時々で変化する有権者の声にどこまで敏感に代表が応えているかを事細かに吟味するよりはむしろ、次の選挙時に任期中の代表の仕事を総括し、中長期的な全国民の利益の実現にいかに貢献したかが審査されるべきである。命令委任を否定する代表民主制は、一定期間の国政の「信託」

を想定している。短期的な結論をその時々で求めるポピュリズムとの違いはそこにある（Cesare Pinelli, 'The Populist Challenge to Constitutional Democracy', *European Constitutional Law Review*, Volume 7, Issue 1, pp. 10–12 (2011)）。代表は有権者団の単なる「使者」ではない。国会議員を個別の特殊利益の「使者」または「代理人」とする捉え方は、個別利益の対立の中で国政の停滞を招きがちである。そうした硬直化と停滞とは、大衆の喝采を背景としつつ、対立する個別利益を超越して国民全体を「再現前＝代表」すると主張し、国政の「白紙委任」を要求する指導者の出現を招くおそれさえある（カール・シュミット『憲法理論』尾吹善人訳（創文社、一九七二）二六〇頁以下参照）。

偽善者は、自身の偽善を弁えているため、その行動にはおのずから限界があるが、自己欺瞞に陥った者は虚偽意識自体が欠けているために限度を知らない（Runciman, op. cit.）。見るからに薄っぺらな正義を振りかざして率直かつ誠実な政治の実現を提唱する人々が、自己欺瞞に陥っているわけではなく、偽善でそうしていることを筆者は願っている。

＊タキトゥス『年代記』については、国原吉之助訳（岩波文庫、一九八一）を、カント『人倫の形而上学』については、樽井正義・池尾恭一訳（岩波書店、二〇〇二）を参照した。

5　奥平康弘『萬世一系の研究（上）』解説

天皇主権——君主制原理の日本的現象形態

大日本帝国憲法の根幹とされる天皇主権原理は、同憲法制定時に井上毅をはじめとする法制官僚がドイツから輸入したもので、ドイツでは君主制原理（monarchisches Prinzip）と呼ばれていた。この原理は、全国家権力を本来的に君主が保有することを出発点としつつ、君主が国家権力を行使するにあたっては、君主自身の定めた憲法により規律されるとするものである。「天皇ハ国ノ元首ニシテ統治権ヲ総攬シ此ノ憲法ノ条規ニヨリ之ヲ行フ」とする大日本帝国憲法第四条の規定は、君主制原理を典型的に示している。

この原理は、全能の主権者である君主は、果たして自身の権能を拘束することが論理的に可能か、というパラドックスをひき起こす。中世のカトリック神学において、全能の神は自身でも持ち上げることのできないほど重い石を創造することができるか、という問題が議論されたことがあるが、それと同型のパラドックスである。そんな石を創造し得ない神は全能とは言えないように思われるが、いったん創造してしまえば、その石を持ち上げることのできない神は、やはり全能ではない。同様の問題が、自ら定めた憲法によって自らの統治権を制限する全能の君主についても生ずるはずである。

つまり君主制原理は、国民主権原理と両立し得ないだけでなく、そもそも筋の通った法学的国家論として成立し得るか否かも定かでない。美濃部達吉が天皇主権原理を法律学の領域から駆逐し、国家法人理論に基づく整合的な憲法解釈論を構築しようとしたことは、理に適っていた［＊1］。

宮沢俊義の八月革命説は、一九四五年八月、日本政府がポツダム宣言を受諾した時点で、この天皇主権原理が国民主権原理へと転換したとするものであった。

「脱出する権利」

本書における奥平教授の議論は、これとは異なるレベルのものである。天皇主権原理の当否やその意味内容を問題としているのではない。意想外の視点から鋭く問題に切り込む奥平教授の学風が鮮やかに示されている。

奥平教授は、「天皇の地位の受け継ぎ」、つまり皇位の継承にかかわる制度を検討の対象とする。主要な論点は、女帝の可能性、庶出の天皇の認否、そして天皇の退位である。中でも、インパクトを与えたのは、天皇制は、皇室のメンバーの人権——つまり人としての生来の権利——を深刻に侵害している。したがって、こうした皇室制度から「脱出する権利」をメンバーに認めるべきだ、という主張である。奥平教授によると、天皇・皇族に認められるべき「脱出の権利」は、「かれらが『普通の人間』に立ち戻るための、あるいは『ふつうの人間が共有する、ふつうの人間』を自らも享有するための『切り札としての、〝人権〟』に他ならない」（第II部第二章「はじめに」）。

この議論は、現行憲法に関する解釈論として提示されている。解釈論として主張されている以上、天皇および皇族の「脱出の権利」が、現行憲法の文面および体系と整合するという主張として受け取られる必要がある。しかし、整合するであろうか。その点に違和感を抱く読者も多いのではないかと推測される。

天皇および皇族の憲法上の権利は、すべての市民に平等な権利を保障する日本国憲法の体系と両立し得ない程に侵害されてはいる。しかし、それは天皇制という前近代的な身分制度の「飛び地」を意図的に残存させた日本国憲法による制度保障の所以である。女帝を認めないことが憲法違反（平等原則違反）であるという主張に対する奥平教授の冷やかな態度の背景にも、天皇および皇族が享有するのは、天皇制という特殊な制度の内部に生きるメンバーとしての特権と義務に過ぎず、人一般が平等に享有する人権や基本権ではないという認識が控えている（終章2参照）。天皇制を制度として保障する憲法の体系と、天皇および皇族に「脱出の権利」を認め、保障された制度からの脱出口を用意することは、果たして整合し得るのであろうか。

天皇制——憲法上の制度保障

憲法上の制度保障（institutionelle Garantie）とは、ワイマール期のドイツで活躍したカール・シュミットが提示した考え方である［＊2］。シュミットは『憲法理論』［＊3］で、ワイマール共和国憲法を、憲法上の権利保障規定を含まないフランス第三共和政憲法と同様のものとして理解しようとした。

当時のリベラルな立憲主義（市民的法治国）思想からすれば、人が生来享有する一般的自由は、世論を反映しつつ、一般的抽象的法律の定立を通じて社会生活のルールを設定する議会の活動により、十分に保障されるはずであり、ワイマール憲法第二篇の定める基本権保障の諸規定も、例示以上の意味は持たないはずであった。しかし、同憲法にはそれにとどまらない意味を持つかに見える規定がいくつかある。官僚制、地方自治、大学の自治、婚姻制度に関する規定等がそうである。これらは人が生来享有する権利を定めたものとは言いがたい。そこで、一般的自由の大海に浮かぶこれらの島々を、シュミットは、ドイツ社会の伝統的制度を憲法が特に保障したものとして理解した。これらの制度保障は、生来の一般的自由の保障と異なり、憲法改正の限界内にあるため、改正によって廃止することも可能である。

日本国憲法に関して言えば、天皇制について定めるその第一章（第一条〜第八条）を典型的な憲法による制度保障として理解することが可能である。この観点からすれば、いわゆる「天皇の人権」なるものも、憲法律レベル（改正の対象となりうるテキストのレベル）で、「飛び地」のように保存された「身分」および「特権」としてのそれにとどまることになる［＊4］。

制度保障と「脱出する権利」

さて、日本国憲法自体がそうした特殊な制度をとくに憲法上設けるという決定を下した以上、制度として保障された天皇制は維持せざるを得ないように思われる。しかし、奥平教授の解釈論が示唆するように、皇室典範を改正して、天皇の退位だけでなく全皇族に対して「脱出の権利」を認めたとき、天皇制は制度として生き残ることができるであろうか。

天皇に「脱出する権利」、つまり自身の意思に基づいて退位する自由を認めたとき、その結果として、譲位した前天皇が実質的権限を振るうリスクや、天皇が自身の意思に反して譲位を迫られるリスクがもたらされると言われることがあるが、天皇に政治的権能がない以上（憲法四条一項）、前者のリスクは懸念するには及ばないであろうし、後者のリスクは、退位の前提として皇室会議の決議を要件とすることで極小化することが可能である。そもそも、自由意思による退位を認めない根拠として、自由意思に基づかない退位を迫られるリスクを持ち出すことが議論として一貫しているのかという疑念もある。むしろ、最大の、かつ、致命的なリスクは、天皇制が持続不能となること、または持続不能となるのではないかとの懸念を世間一般に与えることである。イギリスのエドワードⅧ世の退位に関連してビーヴァーブルック卿が指摘したように、君主制の要点は王位の安定性にある［＊5］。

直感的には、「皇位は、世襲のもの」（憲法二条）という与件、およびその背後にある万世一系の皇位継承というイデオロギーと、天皇を含めた全皇族の「脱出の権利」を認めることとは、実際問題として、両立不可能であるかに見える。全皇族が文字通り脱出したら、天皇制が生き残ることは不可能ではないだろうか。そしてこの論点は、本書第Ⅰ部第二章1 iiiにおいて、奥平教授が明示的に指摘しているものでもある。

皇族のエスプリ・ドゥ・コール

この疑問に対しては、皇位継承に対する皇族メンバーの真摯なコミットメントに賭けることができるという回答が可能である。官僚制にせよ、大学の自治にせよ、典型的な制度保障と言われるものは、当の制度を担い、支えるメンバーのエスプリ・ドゥ・コール（esprit de corps）なしには、そもそも存続し得ない。党派政治からの中立性を保ち、社会全体の中長期的利益の実現を目指す官僚群なくしては官僚制を制度として保障することに意味はないし、大学の自治も、真理の追求とその伝達にいそしむ研究者集団なくしては意味をなさない。

天皇制および皇室制度を持続的に支えようとする皇族に共有される精神、つまりエスプリ・ドゥ・コールが失われれば、退位の自由を含めた「脱出の権利」を否定したとしても、現在の姿の天皇制および皇室制度を維持することはおぼつかない。つまり「脱出」の途を閉ざしたからといって、天皇制の存続が当然に保障されるわけではない。天皇が自発的に公務を放棄したら、摂政とされた皇族も次々に公務を放棄したら、また皇族が世間から当然に期待される行動や態度を示すことをやめたら、どうなるであろうか。つまり、すべての皇族がエドワードⅧ世と同様に、平等に自由を保障された一般市民であるかのように振る舞いはじめたら、どうなるかという問題である。

逆に言えば、エスプリ・ドゥ・コールが維持されている限り、「脱出の権利」をたとえ認めたとしても、皇族が次々と脱出することはあり得ない。言い換えれば、皇族が一般市民に戻るための「脱出の権利」が、退位の自由を含めて、従来否定されてきたかに見えるのは、一般市民が抱くことのあり得ない、こうしたエスプリ・ドゥ・コールの存在が当然の前提とされてきたからである。

天皇に退位の自由を認めると、天皇制が立ち行かなくなるリスクがあるという議論は、天皇制を支えるこうしたエスプリ・ドゥ・コールの意義を見失った議論のように思われる。こうしたコミットメントが皇族に共有されている限りでは、退位の自由を認めたからと言って、天皇制が揺らぐことはないであろうし、逆に言えば、退位の自由を認めると天皇制が揺らぐと主張する人々は、皇室のメンバーが天皇制を真摯に支えようとしていないのではないかと疑っている人々だということになる。それを信頼し得ない以上は、具体的な皇室制度のあり方いかんにかかわらず、天皇制は遠からず潰えるものであることが見逃されている。木を見て森を見ない議論である。

そうだとすると、奥平教授の「脱出の権利」論は、天皇・皇族もそもそもは基本権を享有するはずであるから、そうした身分に帰還する権利が認められるべきだという単線的な議論として受け取られるべきではない。天皇制という制度を支える皇室メンバーの思い（の有無）をも視野に入れた、輻輳する多面的議論として受け取るべきことになる。天皇制の存続に危機感をおぼえる人々は、退位の自由を認めるべきか否かよりはむしろ、エスプリ・ドゥ・コールが失われるリスクに（そうしたリスクがあるとすればであるが）いかに対処すべきかこそを考えるべきことになるであろう。

天皇が先か、憲法が先か

問題はこれでおわりではない。天皇の退位を頑として認めるべきではないとする人々も、本書で紹介されている伊藤博文のように（第II部第二章2ii）、存在する。そうした人々が、前述したように、皇族のメンバーのエスプリ・ドゥ・コールに疑念を抱いているという可能性もあるが、別の思考の道筋を通っている可能性もある。たとえば、天皇機関説をめぐって美濃部達吉と論争した上杉慎吉は、西洋諸国と旧憲法下の日本とは、およそその国体を異にすると主張する。

> 西洋諸國は本來民主共和を以て國を建てたるものである。中世に至て封建制度行はれ、豪族の廣大なる土地を占領し、人民を私有の奴隷と爲す者所在に簇生し、互いに攻掠して、漸く强大を成せる者、遂に國王となった、これ現代西洋諸大國の前身であって、國王は極度なる專制政治を行ひ、民は塗炭に苦しんだのである。されば、西洋國王なる者は、一時假のものであり、國家と終始するものではなく、彼らの建國の趣旨と相反するものである。國土人民を私有物とするに起源し、一人の私に非ず、民に身を捧げて、國をしろしめす我が天皇とは根本的に相異れる者であった。近世に至て、文化復興し、人心覺醒し、遂に國王を倒すべしとするに至れるは、彼に在りては、その本に反れるものである［＊6］。

したがって、一九世紀以降の西洋諸国があるいは王制を廃止し、王制を維持する場合も「ただ國王の名義を存して、その實民主共和の政治を行ふの仕組を立てた」のは、本来の姿に戻っただけの当然の解決であり、そうした西洋の国王は、「大統領と區別すべからざる」ものである［＊7］。日本の国体は、「天皇定まりて日本國家あり」というものであり［＊8］、天皇が定めた憲法により、天皇による統治権の行使は制限されるにとどまる。国王も憲法の定める一機関にすぎない西洋諸国とは、国体を全く異にしており、「縦令文字相同じきものあるも」、漫然西洋憲法と同様にこれを解釈し運用すれば、「一歩の差は千里の誤りを生じ、遂に我が立憲の主義を敵ぶり、動もすれは累を國体に及ぼすことあらん」〔＊9〕とされる。

こうした思考の道筋からすれば、思考の出発点は天皇であり、その継続性こそが国の柱である。そして、それを支えているのが皇室典範である。憲法は、天皇が統治権を行使する上での手段にすぎず、その意義は二次的である。このような思考の経路をたどる以上は、天皇の退位を認めるべきか否かを憲法の保障する基本権を参照しながら語ること自体が根本的な誤りを犯していることになる。憲法の保障する制度やそれを支えるエスプリ・ドゥ・コールを参照する議論も、根本的な誤りを犯している点では特に変わりはないこととなるであろう。

ただし、こうした上杉の思考の道筋が、国民主権を基盤とする日本国憲法の下での天皇制について全く妥当し得ないことは明白であろう。上杉の思考枠組みからすれば、現憲法は、本来的に民主共和の国体であった西洋諸国と同じ国体であり、あくまでそうした国体の下での天皇制が制度として保障されていることになる。それが、宮沢が八月革命と呼んだ根本的な体制転換の帰結である。

二〇一六年八月八日、天皇（現上皇）はビデオメッセージを公表し、その中で退位への思いを強くにじませた。このメッセージは、「即位以来、私は国事行為を行なうと共に、日本国憲法下で象徴と位置づけられた天皇の望ましい在り方を、日々模索しつつ過ごして来ました」ということばに示されるように、現在の天皇の地位が日本国憲法の下でのそれであることを出発点としている。ビデオメッセージが、現憲法が指し示す象徴天皇という地位を安定的に維持することに深くコミットした上でのものであることは、一見して明らかである。

今の日本では、まず憲法があり、その憲法の定める天皇制が、憲法の予定している姿のまま、いかにして存続することができるかが検討されることになる。奥平教授が検討対象としたのも、あくまで日本国憲法の下での皇位継承に関わる諸制度である。

＊1　長谷部恭男「大日本帝国憲法の制定——君主制原理の生成と展開」同『憲法の論理』（有斐閣、二〇一七）所収参照。

＊2　石川健治『自由と特権の距離』〔増補〕（日本評論社、二〇〇七）参照。

＊3　シュミット『憲法理論』〔尾吹善人訳〕（創文社、一九七二）二一二―一七頁。

＊4　石川・前掲書二三六―三七頁。本書終章注17で奥平教授は、「飛び地」という捉え方への明示的な賛意を示す。

＊5　Cited in Vernon Bogdanor, *The Monarchy and the Constitution* (Clarendon Press, 1995), p. 136. エドワードⅧ世の退位は、シンプソン夫人との婚姻を望む彼の自由な意思決定に基づくもので、大臣の助言によるものではなかった。とはいえ、退位を承認する国会制定法の審議において、ボールドウィン首相は、『ハムレット』第一幕第三場で、レアティーズが妹のオフィーリアに与える忠告の一

部を引用している（Bogdanor, op. cit., p. 137）。

ハムレットさまの意思は、ご自身の意思ではない、

あの方も生まれには従わねばならぬ、

身分卑しき者のような身勝手はかなわぬのだ。

あの方のご決断に、この国全体の安寧と繁栄がかかっている。

＊6　上杉愼吉『憲法讀本』〔第一五版〕（日本評論社、一九四〇）三八―三九頁。

＊7　上杉『憲法讀本』三四頁。なお、上杉愼吉『新稿憲法述義〔第一〇版〕』（有斐閣、一九二九）九九―一〇四頁参照。上杉の視点からすれば、西欧の君主は人民主権の下に人民の機関としての地位を有するに過ぎず、これら諸国は君主国体ではない。

＊8　上杉『憲法讀本』三三頁。なお、上杉『新稿憲法述義』八六頁は、「天皇ノ統治権者タルハ、建國ト共ニ定マリ、天壤ト與ニ永遠無窮ナリ、天皇ハ大日本帝國ト共ニ始終ス、天皇アリテ大日本帝國アリ……天皇ト大日本帝國ト國體法トハ、同時ニ成立シ、共ニ永遠無窮ナリ」とする。

＊9　上杉『憲法讀本』四〇頁。この上杉の行論は、『新稿憲法述義』一一一―一三頁における天皇機関説批判に連なっている。

6　変えるべきか変えざるべきか

それが問題なのか

変えるべきか変えざるべきか、憲法典についてはそれが問われることが多い。しかし、本当にそれが問題なのだろうか。

憲法改正規定が存在する以上、変えないのは国会の怠慢だと言われることもあるが、これは、違憲審査機関である以上、最高裁はどんどん違憲判断を出すべきだという議論と同じくらい間違っている。最高裁の任務は、個別の紛争を適切に解決すること、法秩序全体が良好に機能するよう監視することであり、違憲判断はその一つの手段にすぎない。これらの任務の遂行のために違憲判断を下すことが必要ならばそうすべきである。しかし、必要の有無にかかわらず、最高裁による違憲判断が多ければ多いほど善いという主張は、いろいろな意味で歪んでいる。

憲法の使命は、国の基本構造を定め、国民の中長期的な利益を実現する上で守り続けていくべき基本原則を示すことにある。変える必要もないのに制定してから時間がたったから変えるというものではないし、他国は変えているのだから、日本も変えるべきだというものでもない。憲法の存在意義を理解していれば、そうした主張は生まれないはずである。

とかく焦点となることの多い九条についても、ミサイル、戦闘機、潜水艦などの伝統的な装備で国土を防衛することに関心が集中しがちで、そのために九条が邪魔になるとか、軍拡競争の歯止めになっているから善いのだなどという議論が盛んである。

しかし、古典的な国境や防衛の観念を蒸発させかねない凄まじい技術の進展もある。水中ドローン技術や戦闘ロボット技術が進めば、人が乗り組む潜水艦や戦車は大幅に陳腐化する。サイバー技術が進めば、外国の最新技術を大量に盗み取るだけでなく、ミサイルや爆弾を使うこともなく、敵国の防衛システムを麻痺させたり、電力・交通・水道・通信・金融等の社会生活の基幹的なインフラに深刻な打撃を与えることもできる。飛来するＩＣＢＭを迎撃ミサイルで撃ち落とすより、ＩＣＢＭの発射自体をサイバー攻撃で挫折させる方が（left of Launch と呼ばれる）、はるかに安価で確実である。アメリカの大統領選挙に見られるように、ＳＮＳのシステムに侵入して利用者ごとに誤情報を送付することで世論の亀裂を深め、他国の選挙に干渉することさえ可能である。

イランが核兵器開発を断念し交渉の席についたのは、イスラエルの諜報機関とアメリカの国家安全保障局が開発を主導したスタクスネット・ワームのためにナタンズの核施設の制御システムが機能不全に陥ったからであった（David Sanger, *The Perfect Weapon: War, Sabotage, and Fear in the Cyber Age* (Scribe, 2018), Chapter 1）。核施設への爆撃を強硬に主張するイスラエルのネタニヤフ首相の企図も抑えることができた。爆撃は、アメリカを新たな戦争に巻き込みかねない。しかし、アメリカはイランが交渉に応じず、戦争が勃発した場合に備えて、イランの社会インフラをサイバー攻撃で全停止させる作戦、ニトロ・ゼウスを用意していた（ibid., Chapter 2）。各国で急速に進むＩＴ化は、サイバー攻撃への脆弱性を急速に高めている。しかも攻撃力を備えるのは主権国家だけではない。安全保障問題の主体は国家（だけ）ではなくなりつつある。

古典的な装備による国の防衛を考える必要が直ちになくなるわけではないが、こうした先端技術による戦闘や攻撃のリスクを想定し、多重防御等の備えを固める一方で、本来、密行性が要求されるはずのサイバー兵器を抑止力として機能させるにはどの程度の情報開示が必要にして適切なのか、サイバー攻撃を受けたとき、いかにして攻撃主体を特定し、そしてどの程度の反撃が許されるのか——サイバー攻撃で原発の制御システムが停止し、炉心溶融が起こったからといって、相手の原発をミサイルで攻撃できるのか——相互の攻撃・報復のエスカレーションを防ぐための各国間の（ＮＧＯを含めた）ルール作りに向けた国際協調をいかに実現するかなどの喫緊の、しかも無数の課題に対処する必要がある。

九条に関する議論も、そうした喫緊の諸課題を視野に入れてなされるべきもので、憲法を変えるか否かという問題にだけ焦点を当てると、肝心な論点が抜け落ちることになる。古典的な装備による防衛に視野を絞った議論は、国の将来を誤らせるリスクが大きい。むしろ、一刻も早く解決すべき眼前の諸課題に取り組み、それが一段落してから、落ち着いて憲法を変える必要があるか否かを議論するという順序ではないだろうか。果たして一段落するかどうかも疑問であるが

（技術の変転はそれを理解する枠組みが追いつくより速い）。

憲法典、それが問題なのか

シカゴ大学のトム・ギンズバーグ教授らによる共同研究によると、フランス革命が勃発した一七八九年以降の世界各国の憲法典の平均寿命は一九年である（Zachary Elkins, Tom Ginsburg, and James Melton, *The Endurance of National Constitutions* (Cambridge University Press, 2009)）。運命の女神 **Fortuna** の暴威に耐えて生き存える憲法典は、多くはない。かりにそれが、条文の上では理想の憲法典であったとしても。

もっとも、こうした計測や集計にどれほどの意味があるのかとの疑問を抱く人もいるだろう。憲法典は制定され、改正され、敗戦・革命・内乱などの国内外の政治的・社会的大変動によって命を終える。憲法典を意図的に改変することで国の命運を左右しようとしても、そこにはおのずと限界がある。国の基本構造を定め、中長期的に守るべき基本原則を示すのが憲法典の任務だが、そうした役割を果たす法は、法律や判例であることも少なくない。憲法典だけを関心の的とすると、視野を無用に狭めることになりかねない。

そもそも、憲法典の定めがあるから国が民主的であったり自由を尊重する社会であったりするのではない。人々が自由を尊重し、平和を希求し、民主政治を大事にするから、民主的で自由を守る平和憲法が生き存える。その逆ではない。

アメリカのラーニッド・ハンド判事は、「私たちは、憲法や法律や裁判所にあまりに期待をかけ過ぎているのではないか……それは偽りの希望だ。自由は人々の心に宿る。人々の心の中でそれが死んだとき、いかなる憲法も法律も裁判所も、自由を救うことはできない」と言う（Irving Dilliard ed., *The Spirit of Liberty: Papers and Addresses of Learned Hand*, 3rd ed. (Knopf, 1960), pp. 189–90）。同様に、政治学者のロバート・ダールは、「アメリカが憲法のおかげで民主国家であり続けてきたという考え方は、明らかに因果関係を取り違えている。私たちの社会が本質的に民主的であったからこそ、憲法が維持されてきたと考える方が、はるかに説得力がある」と言う（Robert Dahl, *A Preface to Democratic Theory*, expanded edition (University of Chicago Press, 2006), p. 143）。

ジャン－ジャック・ルソーは、『社会契約論』の中で、国の基本法（loi）を提案し、国家を新たに建設する「立法者（législateur）」について語る（第二篇第七章）。多くの邦訳では、loi は法律と訳されているが、これは誤訳と言っていいであろう。現代諸国家における法律とは全く別物で、むしろ国家の基本法、つまり憲法に相当するものである。マキャヴェッリからハリントン、スピノザ、ルソーを経てドストイェフスキーへと伝播したイメージを反映している（『罪と罰』を読む人も、最近では少ないかも知れないが）。législateur も立法者ではなく、建国者と訳すべきかも知れない。

ルソーによると、立法者はまず理想の憲法典を編むのではなく、基本法を与えようとする人民が、それを支えるにふさわしいか否かをまず吟味する（第二篇第八章）。プラトンがアルカディア人やキュレネー人に基本法を付与することを断ったのは、そのためである。彼はこれらの人民が平等を受け入れられないことが分かっていた。しかも、理想の基本法にふさわしい徳を備えた人民も、時が経てば、もはや革命を通じて再生を試みてもそれがかなわないほど堕落・腐敗する。スパルタもローマも滅びた。いかなる国家も永遠不滅ではない。日本もそうであろう。「失われた自由を取り戻すことはできない」とルソーは言う。

「護憲派」とは何か

世の中には「護憲派」と呼ばれる人々がいて、筆者も時折、その一員に数えられることがある。そして、「護憲派」とはどういう人々かというと、現在の日本国憲法のテキストをとても大事にしていて、それを一字一句変えるべきではないと主張する人々だと言われることがあるようである。

そういう意味では、筆者自身は全く「護憲派」ではないし、そんな人がそもそも一人でもこの世にいるのか、はなはだ疑わしいと考えている。憲法典のテキスト自体が大事だと考えることは、単なる紙とインク（あるいは墨汁）の物神崇拝である。テキストを変えないこと自体にさしたる意味があるはずがない。

筆者の見るところ、「護憲派」と言われる人々が大事にすべきだと主張しているのは、憲法のテキストの背景にあって、それを支えているはずの国のあり方や原理原則である。それは、ハンド判事が指摘するように、本来は人々の心に宿る。日本社会に棲む人々の心の中において、多様な世界観や生き方を公平に尊重しようとする精神が死んでしまえば、あるいは幅広い利害や立場を包容し、目配りの効いた手続を踏んで国政を運営しようとする心が衰えてしまえば、憲法のテキスト自体が一ミリも動かないとしても、何の役にも立たない。憲法典は、太陽ではない。太陽の光を映し出す月である。

そもそも、憲法にしろ法律にしろ、所詮は人の実践的判断を補助するための道具である（大事な道具ではあるが）。いかに行動するか、いかに生きるかを人は本来自ら判断し、それを自ら実行する。憲法や法律が「権威（authority）」として機能するのは、個人がそれぞれ自分の判断に頼るより、憲法や法律の定める通りにした方が、本来自分がすべきことをよりよく行なうことができる場面に限られる。自動車を運行するとき、道路の右側を通るか、左側を通るかを各自が判断するより、道路交通法の定めに従った方が、事故を起こすこともなく安全にスムーズに自動車を運行することができる、というのがその典型例である。道具の効用は、もともと限られている。

そうした意味では、むしろ憲法を変えろと声高に主張する人々の方が、むしろ憲法典の物神崇拝に陥っているのではないか、筆者はそう疑っている。憲法典のテキストを変えれば、人々の心を変えられる——自衛隊や自衛隊員をもっと大事に思うようになるとか、権利に劣らず義務も大切だと考えるようになるとか？——というのは、ただの言霊信仰であろう。憲法典を呪文か何かと取り違えているのではないだろうか。

他方で、現状に正確に対応する（と自分たちが信ずる）文言に合わせて憲法典を変えろと、現実の政治情勢からして実現の見込みが全くない改憲論を声高に叫ぶ人々も、月と太陽を取り違えている点、そしてテキストの変更を自己目的化している点では、さして変わりがないように思われる。法の文言に律儀に従うことのみが正しい統治だというのは、マルティン・ルターが指摘するように（『現世の主権について』第三部）、子どもじみた考えである。

むすび

憲法のテキストの背後にあって、それを支えているはずの国のあり方や原理原則を大切にするという意味での「護憲派」であることは、憲法学者であるための必須の条件である。民法典の背後にあってそれを支えている基本的なもの考え方が大切だと考えない人が、まっとうな民法学者として活動できるものであろうか。刑法や商法など、ほかの法律分野においても、それは同様であろう。

まずすべきことは何か、何を守るべきかを考えることは、憲法典を変えるべきか否かを考えるより、はるかに大切である。そして、国の行く末を考えるとき、肝心なのは自国の限界を知ることである。自分自身の将来を考えるときと、同じである。

初出一覧

第一部

憲法学の虫眼鏡（羽鳥書店Web連載、二〇一七年一月～二〇一九年三月）

1 森林法違憲判決（二〇一七年一月五日公開）
2 法律の誠実な執行（二〇一七年三月一〇日公開）
3 カール・シュミット『政治的ロマン主義』（二〇一七年四月一一日公開）
4 緊急事態に予めどこまで備えるべきなのか（二〇一七年五月二三日公開）
5 Thick か Thin か（二〇一七年六月二一日公開）
6 有権解釈とは何なのか（二〇一七年七月三日公開）
7 八月革命の「革命」性（二〇一七年八月三一日公開）
8 内閣による自由な解散権？（二〇一七年一〇月四日公開）
9 陸海空軍その他の戦力は、これを保持しない（二〇一七年一〇月二三日公開）
10 英語で原稿を書く（二〇一八年一月一一日公開）
11 プロイセン憲法争議（二〇一八年二月七日公開）
12 「ユダヤ的国家」万歳（二〇一八年四月四日公開）
13 適切な距離のとり方について（二〇一八年五月一三日公開）
14 最悪の政治体制、民主主義（二〇一八年六月九日公開）
15 意思と理由（二〇一八年七月二六日公開）
16 ポワッソンのパラドックス（二〇一八年九月七日公開）
17 法人は実在するか？ それを問うことに意味はあるか？（二〇一八年一二月七日公開）
18 統治権力の自己目的化と濫用（二〇一九年三月九日公開）
19 クリスティン・コースガードの手続的正義（書下ろし）

20 相互授権の可能性？（書下ろし）

第二部

法の森から

1 ルソーのloiは法律か？（『UP』二〇一六年八月号）
2 戦う合衆国大統領（『UP』二〇一六年一二月号）
3 フランソワ・ミッテラン暗殺未遂事件（『UP』二〇一七年三月号）
4 英米型刑事司法の生成（『UP』二〇一七年八月号）
5 フォークランド諸島　一九八二年五月二五日（『UP』二〇一七年一二月号）
6 巡洋艦ベルグラーノ撃沈　一九八二年五月二日（『UP』二〇一八年四月号）
7 バーリンの見た日本（『UP』二〇一八年八月号）
8 国際紛争を解決する手段としての戦争（『UP』二〇一八年一二月号）
9 アメリカがフィリピンで学んだこと（『UP』二〇一九年四月号）

第三部

比較できないこと

1 比較できないこと（『一冊の本』二〇一八年四月号）
2 サリンジャーと出会う（『月報司法書士』五六五号、二〇一九年五月号）
3 人としていかに生きるか――カズオ・イシグロの世界（『世界』九〇二号、二〇一七年一二月号）
4 自己欺瞞と偽善の間――「狂気の皇帝」カリグラ（『世界』八三五号、二〇一二年一〇月号）
5 奥平康弘『萬世一系の研究（上）』解説（岩波現代文庫、二〇一七年）
6 変えるべきか変えざるべきか（『法律時報』一一三三号、二〇一九年一月号）

長谷部恭男（はせべやすお）

一九五六年　広島に生まれる
一九七九年　東京大学法学部卒業
現在　早稲田大学法務研究科教授

主要著書

『権力への懐疑——憲法学のメタ理論』（日本評論社、一九九一）
『憲法学のフロンティア』（岩波書店、一九九九）
『憲法と平和を問いなおす』（ちくま新書、二〇〇四）
『憲法とは何か』（岩波新書、二〇〇六）
『Interactive憲法』『続・Interactive憲法』（有斐閣、二〇〇六、二〇一一）
『憲法の境界』（羽鳥書店、二〇〇九）
『憲法入門』（羽鳥書店、二〇一〇）
『憲法のimagination』（羽鳥書店、二〇一〇）
『憲法の理性　増補新装版』（東京大学出版会、二〇一六）
『憲法の論理』（有斐閣、二〇一七）
『比較不能な価値の迷路——リベラル・デモクラシーの憲法理論　増補新装版』（東京大学出版会、二〇一八）
『憲法　第七版』（新世社、二〇一八）
『憲法の良識——「国のかたち」を壊さない仕組み』（朝日新書、二〇一八）

憲法学の虫眼鏡
二〇一九年一一月八日　初版

著者　長谷部恭男

ブックデザイン　原 研哉＋稲垣小雪
発行者　羽鳥和芳
発行所　株式会社 羽鳥書店
一一三－〇〇二二
東京都文京区千駄木一－二二－三〇 ザ・ヒルハウス五〇二
電話番号　〇三－三八二三－九三一九［編集］
〇三－三八二三－九三二〇［営業］
ファックス　〇三－三八二三－九三二一
http://www.hatorishoten.co.jp/

印刷所　大日本法令印刷 株式会社
製本所　牧製本印刷 株式会社

ISBN 978-4-904702-79-6　Printed in Japan

憲法入門　長谷部恭男　四六判上製・188頁　2200円

日本国憲法の入門書決定版。「です・ます」体で平易に記述。
読んだだけでは理解しづらい条文を、歴史の文脈の中でわかりやすく解説する。

憲法のimagination　長谷部恭男　四六判上製・248頁　2600円

思索する愉しみ――古今の哲学や文学、映画を緯糸に、
憲法研究者が織り上げるエッセイ・書評集。リベラルアーツ版憲法入門書。

憲法の境界　長谷部恭男　A5判上製・176頁　3200円

未完のプロジェクト立憲主義の観点から考察。国境、国籍、主権、違憲審査など
憲法のかかわる重要なテーマについて、憲法学の枠を踏み越えて、深く軽やかに分析する。

憲法の急所――権利論を組み立てる［第2版］

木村草太　A5判並製・440頁　3200円

憲法がすっきりする。攻防の焦点＝急所を摑む。新たに「憲法上の権利概説」
の章を加えた全面改訂版。最新判例・学説をふまえてさらに充実。

羽鳥書店刊

法学入門――「児童虐待と法」から「こども法」へ
大村敦志　四六判並製・136頁　2200円
法は社会問題をどう解決するか。児童虐待を手がかりに、これから法を学ぼうという人のための、民法学の第一線研究者による「法と法学」の入門書。

制度的契約論――民営化と契約
内田貴　A5判上製・240頁　3400円
関係的契約から制度的契約へ。現代における契約の理論的枠組みを提示。現代を理解するための法的パースペクティブの試み。

裁判官は劣化しているのか
岡口基一　四六判並製・168頁　1800円
裁判所の内部で何が起こっているのか？　現役判事による異色のエッセイ。要件事実をわかりやすく学ぶ、最適書。

ここに表示された価格は本体価格です。
御購入の際には消費税が加算されますので御了承ください。

法の奥底にあるもの——ゆく川の流れは絶えずして万事塞翁馬

前田雅英　四六判並製・152頁　2000円

実質的犯罪論・前田刑法の精髄。刑事法学の第一線研究者でありつづけながら、40年間、講義を一度も休まなかった教育者・前田雅英の最終講義。

衆議のかたち2——アメリカ連邦最高裁判所判例研究（2005～2013）

藤倉皓一郎・小杉丈夫［編］　A5判上製・376頁　6200円

日本の法律家が新しい判例の意義を問う、アメリカ法研究の最前線。英米法研究者・法曹からなる岡原記念英米法研究会による判例評釈集。

イスラーム法における信用と「利息」禁止

両角吉晃　A5判上製・336頁　9500円

「イスラーム金融」の本質を法律学から追求する本格的研究書。イスラーム世界との交流には必須の書。

ここに表示された価格は本体価格です。
御購入の際には消費税が加算されますので御了承ください。

羽鳥書店刊